陈岗／著

近代四川养猪业发展史研究

JINDAI SICHUAN YANGZHUYE

FAZHANSHI YANJIU

四川人民出版社

图书在版编目（CIP）数据

近代四川养猪业发展史研究 / 陈岗著. —— 成都 :四川人民出版社，2022.4

ISBN 978-7-220-11963-7

Ⅰ.①近… Ⅱ.①陈… Ⅲ.①养猪业－农业经济史－研究－四川－近代 Ⅳ.①F326.33

中国版本图书馆CIP数据核字(2022)第046927号

JINDAI SICHUAN YANGZHUYE FAZHANSHI YANJIU

近代四川养猪业发展史研究

陈岗／著

出版统筹	段瑞清
责任编辑	熊　韵　任学敏
版式设计	成都原创动力
封面设计	张　科
特约校对	北京悦文
责任印制	李　剑

出版发行	四川人民出版社（成都槐树街2号）
网　　址	http://www.scpph.com
E-mail	scrmcbs@sina.com
发行部业务电话	（028）86259624　86259453
防盗版举报电话	（028）86259624
印　　刷	四川机投印务有限公司
成品尺寸	170mm×240mm
印　　张	13
字　　数	220千
版　　次	2022年4月第1版
印　　次	2022年4月第1次印刷
书　　号	ISBN 978-7-220-11963-7
定　　价	69.00元

内容提要

四川是我国传统的养猪业大省，养猪业在四川农村经济及对外贸易中有着极其重要的地位与作用。在清末至民国四川农业经济发展的第三次高潮中，随着传统畜牧科技的近代化转型，新旧、中西各种畜牧兽医思想与观念开始汇聚、碰撞，推动了四川养猪业发展的现代化转型。

在四川养猪业现代化进程中，四川优越的自然地理环境、悠久的养猪业历史，以及近代外力对四川经济社会的冲击，是四川省养猪业现代转型的内在因素和外部条件。在此历史发展进程中，近代意义的畜牧教育在川兴起，一批高等、中等、初等畜牧兽医学校与畜牧研究机构在川建立，这些教育、研究机构通过各种形式的畜牧兽医教育，培养了大批的畜牧人才，推动了四川畜牧事业的发展，从科技和人才的维度奠定了四川养猪业现代转型的基础。

与此同时，依托西方畜牧兽医科技以及各级各类畜牧兽医人才，四川猪种改良有序推进，在种猪的繁育、饲养的管理、饲料的选择、猪鬃的改良、环境适应性、疫病抵抗力等方面的改良研究取得较大的进展，并在改良试验中科学地提出了四川优质猪种的选育指标体系。随着四川省养猪规模、密度的扩大，猪丹毒、肺疫等"输入型"或"本土性"疫病在四川省频繁发生，使得省内养猪业及其畜产品贸易产生巨大的经济损失，甚至部分疫病人畜共患，传染给人群，造成疫病在人群中的传播与流行，引发严重的公共卫生安全问题，危及人的生命安全，对社会稳定造成巨大冲击。为此，开展省内家畜疫病调查，建构疫病防控体系，实施家畜疫病防治实践，是四川省养猪业现代化进程中的重要工作。在此过程中，西方一些先进的疫病防控理念及防控技术得到认可、接受，以"防、检、治"为主要手段的"家畜疫政"近代化历程在中国开启，相关政策法规、专业的疫病监管体系、制定疫病防控的流程、治疗药物的研发、人才培养、防疫宣传等构成了我国"家畜疫政"的重要内容。

此外，伴随四川养猪业的发展，形成了一条以"养猪"为中心的产业链经济，养猪业成为四川省农村副业经济、外贸经济、猪鬃业与牙刷业经济的重要支撑，尤其是川省畜产品——猪鬃，在抗战时期，成为国民政府以货偿债的重要物资，发挥了经济抗战的作用。但是，我们应该看到，四川养猪业的现代化进程也并非一帆风顺，由于战争、制度、观念、经费、技术、人才的影响和冲击，四川省养猪业现代化进程在曲折中艰难前行。

目　录

第一章

四川养猪业发展的自然历史条件

第二章

近代四川畜牧教育与畜牧研究机构

| 第三章 |

近代四川养猪业改良与疾病防治

近代四川畜产品开发与对外贸易

第一章
四川养猪业发展的自然历史条件

　　重庆开埠以后，四川的小农经济开始逐渐被卷入世界资本主义经济体系之中。研究四川猪鬃产业的发展，首先必须了解四川发展猪鬃产业的自然环境条件以及社会经济背景。为此，本章分别就四川猪种的多样性、兴盛的四川养猪业、四川对世界市场的融入作概观性的考察，以说明四川猪鬃产业启动的条件。

第一节 四川自然地理环境

四川古有"天府"之称，地处我国西陲，位于长江上游，居东经101°～110°，北纬26°～124°之间，地域辽阔，地势险要，面积约56.76万平方千米。从地理特征可划分为东西两大部分，在东经103°附近有一条明显的自然景观分界线，大致以龙门山、九顶山、大凉山一线为界；其东为盆地，西部属山地和高原。两者地形迥异，高差悬殊。

西部地区面积约为28.78万平方千米，从地形上又可分为西北高原和西南山地两类。高原主要分布在川西北，属青藏高原的东南部，地面海拔高度大都在3000米以上，高原地貌完整，有大片的沼泽和草地。由于地高天寒，人口稀疏，农垦条件差，地域平均气温仅2℃～8℃，最冷月均温-4℃～12℃，霜期长达10个月以上，多年平均降水量为500～800毫米，土壤为褐土及棕壤土，不适于农业作物的生长。但由于日照时间长，在一定程度上弥补了热量的不足，使得草本植物生长旺盛。西南山地属横断山脉北段，山脉呈南北走向，山川相间排列，山高谷深，山岭海拔多在4000米以上。海拔5200米以上的山地终年冰雪覆盖，人迹罕至；海拔4200米以下的山地谷坡森林茂密，为我国重要林区。由于高山湿冷，热量条件差，坡陡土薄，耕垦条件差。

这一高原山地特征决定了该区域猪种（高原猪）"头长嘴尖，耳小而锐，体扁脚长，多为黑色，鬃毛长而硬，被毛下多绒毛，性粗暴，毛重不过七八十斤"[①]。为此，我们大致可看出高原山地猪特点——体积小但鬃质佳。究其原因，正如李明扬在《四川宁属农牧调查报告》中所言："夷地高寒，食量缺少，饲养期久，鬃毛硬而长。"[②]但同时，特殊的自然环境，饲料有限，对高原猪除偶而略补饲废茶、叶渣助其生长外，它们终年靠采食蕨、麻等高原植物为生，因此生长缓慢，繁殖力低下，个体较小。[③]

东部盆地四面环山，大致以广元、雅安、叙永、奉节四点的连线作为盆地与周围山地的界线。盆地高度为500~600米，地势东南低、西北高，约呈向南倾斜的梯形，面积约27.98万平方千米。

区域气温高，降水多，属亚热带季风气候。气候特征表现为冬暖、春早、夏热、无霜期长、霜雪少见；降水丰沛、夏季多雨、秋多绵雨；云雾多、日照少、湿度大。盆地高度为500~600米，地势东南低西北高，约呈向南倾斜的梯形，面积约27.98万平方千米，其中山地面积为40.9%，丘陵面积占51.9%，平原面积只占7.2%。

成都平原地带，系段裂下陷由河流冲击而成，地表平坦，河流沟渠密布，有著名的都江堰自流灌溉。年均温度一般在16℃~18℃，无霜期长达280天以上，热量资源丰富，年降雨量为820~830毫米，土壤以冲击土（潮土）为主，土层深厚，养分丰富，透水性较好，富含腐殖质，宜种性广，是省内作物产量最高的耕作土。

因而，该地区水、热、土等条件配合协调，生物生长发育比较快，粮食作物一年可二、三熟，宜于多种经济作物的种植；且水域广、河湖

① 费理朴、约翰逊等著，汤逸人译：《中国之畜牧》，上海：中华书局，1948年，第56页。
② 李明扬：《四川宁属农牧调查报告》，油印本，1937年12月，第7页，四川省档案馆藏。
③ 顾谦吉：《中国的畜牧》，上海：商务印书馆，1939年，第75页。

多，宜于渔业生产；牧业以舍饲为主，发展猪、鸡、鸭等条件好。总的说来，这一农业生态极有利于各种作物生长，是四川种植业最发达地区，水稻、小麦、油菜构成这一区域的主要作物。

区域所饲猪只以黑色的成华猪（平原型）为代表，《成都通览》曰："成都重黑猪，不重花猪"，反映了成华猪在平原地带的独特地位。此类猪原产于金牛、双流、郫县、温江等区县，分布于新都、金堂、广汉、什邡等地。由于可获得稳定而丰富的饲料，成华猪活动范围小，溷中养育已成习常，因而吻短而阔，体躯浑圆，约若梭状，四肢较短，宰杀时，体重150—180斤，需时一年左右，鲜有逾200斤。由于该区域气候较暖、温差较小，农业发达，农副产品丰富，产区人民习惯用大米、细糠、豆类等较精的能量型饲料喂养，加之居民多喜食瘦肉，使得饲猪时间较短，因而被毛较稀，猪鬃品质较差。[①]

龙泉山以东，华蓥山以西为盆中丘陵，其中南部多中、低丘，北部多深丘，丘陵海拔较低，热量充足，垦殖系数较高。尽管气温与成都平原相差无几，但年降水与土质与后者存在较大差异。该地域年降水量为1000~1200毫米，特别是区域内多紫红色砂岩，质轻又易透水，风化强烈，紫红色砂岩风化后的土壤为紫色，疏松肥沃，通透性佳，磷、钾含量高，为四川省耕作土地的主体，较有利于大春作物的早播、早栽和小春作物的生长，是全省农业较为发达的地区。

但也正是这类土壤，分子直径大，黏性较差，且丘坡较陡，在大量雨水冲刷下，土壤中可溶性盐类和腐殖质极易流失，钙、磷、钾等矿物质较为缺乏，土壤需肥至巨，故农民习惯多勤施以猪粪以补地力。[②]并且该区

---

① 许振英：《一年来四川养猪事业研究》，油印本，1938年7月，第43页，四川省档案馆藏。
① 刘清泉：《四川经济地理》，成都：四川科学技术出版社，1985年，第23页。

域人口稠密，商品意识较强，卖菜、酿酒、榨油、制糖以及米坊、面坊等轻工业比较发达，同时粪肥之需求，尤较殷切，成为四川省养猪最盛的地方，其中，内江黑猪和荣隆白猪为丘陵区域猪种的主要代表。

内江猪，原产于内江，历史上称为"东乡猪"，根据出土的东汉陶猪考证，距今1800年前就已普遍饲养，产区位于四川盆地中部沱江流域的内江、资阳、资中、威远、乐至、简阳等县，该区域为四川制糖中心，糖房、漏棚林立，玉米、糖渣是最常用的饲料，故内江猪又有"糖泡子猪"之称。在这一特殊的生长环境下，内江猪腹大易肥，行动迟笨，利用粗料之能力极强而催肥时增长率极高，通常农家均喂到250—300斤才会出卖，而内江一带之甘蔗农家，每喜饲至400斤，概需15个月至2年，因而猪鬃毛粗长，光泽黑亮，鬃质较佳。

荣隆猪为白色猪种，产区位于四川盆地东南部，中心乃在荣昌全县、隆昌东境以及泸县之北部，四周20余县，西迄荣县，东逾巴县，南至合江，北止于安岳，均有荣隆猪的饲养。该猪种据考证系明末清初张献忠乱川之后，随湖南移民而来。1939年余得仁在四川《建设周讯》撰文曰："湖南永州原产之白猪，沿湘水入常德，再由沅水溯辰水直上而入贵州遵义，再沿赤水河入川至合江、泸县，朔水而上，直达荣隆。"[1] 该地域内，农民历来对猪的毛色十分看重，因此在饲料、饲养及选种、育种上较为讲究，如饲料以米糠、碎米、豌豆、酒糟为主，不喂玉米和糖渣；饲育时间较长，多为16个月；不以外来猪种为交配繁育的对象。[2]

因此，荣隆猪原始性保持较好，与来源地之白猪，在体形外貌色泽上，均无显著的差异。该猪最具特色之处在于其"毛"，光绪《荣昌县

---

[2] 余得仁：《荣隆白猪来历之探讨》，《建设周讯》，第7卷24期，1939年
[1] 《荣隆内资六县调查报告》，《农业丛刊》，第18号，1941年。

志》对其毛就有"健如刚鬣色如银"的描述。畜牧专家许振英认为，该猪猪毛"洁白光泽、刚韧、质优，平均长约3.5吋，背部间有逾6吋者，一头猪产鬃200~300克，净毛率达90%，四川所产白鬃为世界所尊重，原料全赖于此"①。

至于盆地周围边缘各县，如川北的通江、南江、巴州、广元；川南的高县、筠连、长宁以及川东的云阳、巫山、黔江、秀山、彭水多为崇山峻岭，海拔在1000米左右，中间高山深谷、千峦万壑，统谓之巴山老林。这些地区气候与平坝相差较大，1月平均温度仅为2℃~3℃，温度较之平原和丘陵低5℃左右，年降水量约为900毫米，气候已较冷凉，特别是大巴山积雪至夏初方消，至八九月间又霏霏下雪矣。10月以后，土结成冰，坚谓不可行。这些地区土质也较差，黄壤杂白者必兼沙，涂泥之土则多石；兼沙多石之土，晴久坚于顽铁，雨多则沙石不分。因此，土质不宜籼稻种植，而玉米、土豆等山地作物则可正常生长，并大规模地发展，直接地促进了巴山老林地区养猪业的发展。

严如煜在《三省边防备览》中言："山中多包谷之家，取包谷喂猪。一户中喂猪十余口，卖之客贩，或赶赴市集……猪至市集，盈千累万，运销外地。"②

山地居民所豢之猪，通谓"山猪"，据说远在新石器时代就已开养，此种猪嘴尖善拱，腿长易走，率赖牧饲，漫游山野，自觅粗食，迨成架子猪后，再圈养肥育。这一独特的饲养方式，加之该地域气候寒冷，食料粗放，使得山猪鬃毛粗密，油黑光亮，兼具长江流域的"大河毛"和嘉陵江流域的"小河毛"的特点，为四川优质黑猪鬃主要产区。

---

② 许振英：《养猪研究总报告》，《畜牧兽医月刊》，第2卷第2期，1941年。
③ 严如煜：《三省边防备览》卷九，《民食》。

川东云阳素有"川猪遍天下，猪鬃数云阳"；川北通江的猪鬃则有"黑色金子"之称，盖因输出之鬃色泽光亮，根条均匀，柔软而富有弹性。

　　通过上述阐释，我们了解到四川幅员辽阔，地形复杂，气候条件多样，使得四川猪种表现出明显的地域差别。"平原型、丘陵型、山地型和高原型"四类猪种构成了四川的主要猪种。四川猪种的形成和分布是由四川的自然地理和区域农业发展水平所决定的，即是在一定的自然条件和社会条件下，通过人类的不断选育而形成。原始品种的形成，受光、热、水、土等自然条件影响较大，而光、热、水、土很大程度上取决于地形地貌和气候条件。

　　因此，猪品种特点的形成实际上与地形地貌和气候条件有直接或间接的关系。其次，农作制度的变化对猪种的定型也起着重大的作用，因为不同的农作制度不仅提供的饲料种类、数量不同，而且积肥方法、猪舍形式也差异较大，必然会影响猪种特点的形成。农业水平高的地区，人们在猪肉要求、选育方向、饲养方法和经营管理等方面与生产力水平低的地区有所区别，这对猪种的形成具有决定性的影响。

第二节　四川养猪业发展历史概述

一、四川养猪业发展概况

中国是世界上最早将野猪驯化为家猪的国家。根据考古研究，我国养猪至少有7000年历史。由于猪是杂食性动物，因此中国养猪的地域主要分布在种植业较为发达的农业地区。作为全国养猪大省，猪的驯养在四川亦有相当长的历史。

据魏达议先生研究，四川地方猪种可能系亚洲野猪递演而来。在巫山大溪新石器时代晚期文化遗址中，出土的猪骨骼、猪齿骨、陶猪头等遗物证实，距今5300~6000年前，四川已有家猪饲养。该文化遗址出土的陶猪头，形象逼真，为粗砂红陶制作，头表施以点、线、纹，具有真实感，为驯化已久的家猪头模型。此外，广汉三星堆早期蜀文化遗址中出土的陶猪也证实，四川养猪至少已有5000年的历史。

春秋、战国时期，四川已是土地肥沃、六畜兴旺之区。《华阳国志》记载："蜀地东至鱼复，西至僰道，北接汉中，南至黔涪，土植五谷，牲具六畜。"说明这一时期，蜀地农业种植业的发展，带动了家畜饲养业，养猪业已成为畜牧业中的重要组成部分。战国时秦民及中原迁虏大量入蜀，中原先进的养猪技术随之被引入，蜀人对饲猪的认识达到了一个新的高度。郭声波认为蜀地"溷中养猪"可能就始于这一时期，饲猪不仅是满足人们对肉食的需求，积肥也是人们养猪的主要目的。[1]1981年广汉中兴公社出土猪牙一枚，宽3.4厘米，高1.5厘米，并在此发现"猪圈"形象，考古证明属西周遗物。这是当时川地已有家养猪的更确切证据。

两汉是农牧结合时代，随着各种技术的出现和先进的铁质工具的广泛使用，四川农业有了长足的发展。《华阳国志》记载：绵与雒各出稻稼，亩收三十斛，有至五十斛。说的是在今德阳、广汉一带，水稻亩产已达780~1160斤。西汉扬雄《蜀都赋》说，蜀人祭祀用籴肥猪，即买米肥猪。说明谷物生产的发展加快了养猪业的发展进程。《华阳国志》曾记载一事，说："尝有屠牵猪过随门，猪索断，失之，强认溷中猪，随即牵猪与之。屠人出门，寻得其所失之猪，谢随，还猪，乞之。"这说明养猪在种植业发达的川西平原已较普遍。在种植业尚不够发达的地区，尽管饲猪不如成都平原普遍，但仍成为农业的内容。比如在四川资中一带，就流传有"持梢牧猪，种姜养芋，长育豚驹，粪除堂庑"的农话。[2]说明此地亦有养猪一业，只不过养育方式为牧养，而非圈养。

唐宋时代，四川农业进入发展盛期，随着农地的日渐垦辟，精耕细作方式从盆地平川向广大的丘陵地带扩展。为提高土地产出和保持土地的肥力，积肥成为当时人们养猪的第一要义。除高原和少数山地养猪还多敞放外，溷圈养猪已成为农民饲猪的主要方式。同时养猪也成为一些地方农民增加收益的一种重要手段，成都市场上鸡和猪是最普遍出售的禽畜。是故唐代张鷟在《朝野金载》中说："益州有人畜猪以致富，因号猪为乌金。"

元明时期，由于城市工商业和手工业的发展，促进了农业生产的繁

---

① 郭声波：《四川历史地理》，成都：四川人民出版社，1993年，第320页。

② （汉）班固：《汉书·艺文志》，卷三五，《僮约》。

荣，带动了养猪技术和饲养水平的提高。当时人们已开始尝试用不同的饲料养猪，且调制饲料方式也有了较大的改进。

元代王祯《农书》记载，江南水地，多湖泊，取萍藻及近水诸物，可以饲之。山区养猪，有的以橡实为饲料。另外还有用发酵饲料喂猪的，"江北陆地，可种马齿，约量多寡，计其亩数种之，易活耐旱，割之，比终一亩，其初已茂，用之铡切，以泔漕等水浸于大槛，令酸黄，或拌糠麸杂饲之，特为省力，易得肥"①。大量利用青粗饲料、适当搭配精料的饲养方式，加快了猪的生长速度。

明朝中期，四川养猪业遭受严重摧残。正德十四年（1519），因猪与国姓朱音同，朝廷发帖禁民间喂养，旬日之间，远近尽杀，有的则减价贱售或被埋弃。但禁猪之事持续时间不长，正德以后，养猪业又很快获得普遍的发展。李时珍《本草纲目》中载：猪，天下畜之。明代正德出版的《四川通志》载，松潘卫叠溪营土产有香猪。何宇度所著《益部杂谈》云，建昌、松潘具出香猪，小而肥，肉颇香。明代范守己在《九夷考》中说：西番烧猪，半生熟食之。以上文献从一个侧面说明，四川养猪范围已从平原、丘陵向山地、高原扩散，并形成了特有的猪种。

进入清代，尤其是康雍乾嘉时代，随着人口的增加及城市工商业的发展而逐渐恢复，四川的养猪业较过去有了较大发展。康熙十九年（1680），阆中出现了以专抽猪税为目的的榷关。乾隆《太平县志》载有，川北地区，"家设猪圈一所，少者四五只，多者数十只，惟以包谷饲猪，变易盐、茶、布匹"。嘉庆《威远县志》载：山民饮粥之外，盐布零星杂用，不能不借资商贾，负粮贸易，道多辽远，故喂畜猪只，多者至数十头，或生驱出山，或腌肉作脯，转卖以资日用。豕，各县俱

---

① 白韵如：《中国饲料科技史话》，《中国饲料》，1999年第18期。

产，"喂猪纺棉，坐地赚钱"的农语成为各地方志中最常见的谚语。严如煜《苗疆风俗考》中载有，徭民入市，唯将畜牛、马、鸡、犬、豕之属售以获利。说明当时养猪业在山区及少数民族聚居地区已有较大的发展。养猪不仅给人们提供大量肉食皮毛，而且是种植业不可缺少的粪肥的重要来源。正因如此，张履祥在他的《补农书》中曾多次提到"种田不养猪，秀才不读书"，"种田养猪，第一紧要"，"养猪不赚钱，回头看看田"等农彦。[①]可见，养猪不仅关系到养猪业本身的发展，还关系到农业生产的兴衰。

清代四川省养猪业的兴盛，还体现在养猪的著述上，出现了一定数量的由学者总结并汇编的关于选种、饲养、疫病防治等经验的技术书籍。清初四川什邡张宗法编撰的《三农纪》即是一部选用幼猪的经验总结。提出以"喙短扁，鼻孔大，耳根急，额平正"为相猪要领。作者认为上乘猪苗还要"腰背长"，尾直垂，四蹄齐。而"喙长则牙多，不善食"，"耳根软，不易肥"，"鼻孔小，不易壮"，"气膛大，食多难饱，生柔毛，久难长"。[②]清代杨屾的《豳风广义》则记载了当时已经总结出的"七宜八忌养猪法"。其中，第七宜为"以苍术、贯众捣为细末，三、五日和入食中，可使猪防病易长"，[③]这是一剂加有中草药饲料添加剂的饲料配方。

至于在疫病防治方面，乾隆年间，李南晖在四川威远主编的《活兽慈舟》一书中，记载了火针治疗猪瘟。其方法是，先备硫黄一两，用桐油点灯一盏，灯盏内多放灯芯，用两枚针轮流在灯火上烧红拿起，往

① （清）陈恒力、王达：《补农书校释》，北京：农业出版社，1983年，第62—65页。

② （清）张宗法：《三农纪》，卷八。

③ （清）杨屾：《豳风广义》，卷三。

硫黄中一插，针必通红，再按定穴位针刺，两针轮流使用。光绪十八年（1892），重庆合川刘双和刊印增补的《猪经大全》，记录了猪病50种，并有病症特征插图50余幅，治疗药方61个，为民间兽医治疗猪病的必备之物。

此外，养猪业的兴盛也可从人们的肉食消费上看出。据四川农学家李永桂考究，清朝四川猪肉产量已跃居畜肉类首位，居全国第一。《活兽慈舟》说：豕畜味滋第品，凡欲食者莫不以豕肉为先，故豕能利用于人。为满足人们对肉食经常性的需要，加工的猪肉产品逐渐增多，特别是民间加工的火腿、腊肉源源不断地销往城市。《成都通览》说，眉山火腿、汉州火腿通往成都上市。李心衡所著的《全川琐记》谈到四川边远山区传统腌猪法时说，夷地多荒山，尤喜豢猪，用时悬处缢死，刳其背，去其肠胃，用树条撑开风干，名曰猪膘，专为招待客人之用。

进入20世纪后，生猪饲养，这一农村古老的自给性副业，在城市发展、工业兴起和对外贸易扩大的背景下，商品化程度越来越高，逐渐成为营利性副业。四川成都平原出现了农民以米谷喂猪、以猪卖钱、以钱买米为食的商品循环。

1905年川督锡良令设农政总局，下设农田、蚕桑、树艺、畜牧四个部门。1907年，四川设劝业道，并成立垦牧艺徒养成所，借政府力量，以握本富之纲、苏川民之困，大力推动四川畜牧业的发展。1911年，四川省劝业道编《四川省第四次劝业统计》记载，四川养猪量已逾千万，数量居全国第一。

民国初期，荣县全县共计9万户人家中，喂猪户有7万多户，约占总户数的78%。绵竹，饲猪15万头，为其邻县之冠，缘以该县产酒素，所余糟粕，用以喂猪，甚为经济，较大糟房，年育肥猪三四批，为数三四百头以上，最小糟房，每年亦产七八十头。成都平原崇庆县，每月可出肥豕3000头，年可出3万余头，本县消耗年约2万头，外运约1万头。[1]

民国建立以后，四川军阀割据，形成防区制，各防区横征暴敛，捐税重重，养猪生产受到一定程度破坏，生猪数量较清末有所减少。民国二十四年（1935），川政基本统一，四川养猪业重获生机。

1936年，四川成立家畜保育所，成为四川养猪事业发展的推动机构。在改良品种、防治疫病、提高产量、发展对外贸易等方面发挥了重要作用。抗战爆发后，四川养猪业尽管受到战争影响，但在国际、国内的需求拉动下，数量较过去未发生明显的下降，常年保持在1000万头以上，仍居全国首位。而同期养猪条件较好的湖南、江苏、广东等地，饲猪仅500万头。抗战结束后，内战又起，造成四川农村经济萎缩，养猪数量下降，1949年存栏猪1019万头，出栏305万头，低于前期水平。

二、近代四川养猪数量的估算

四川养猪的数量，向无切实的调查，所有数字，俱系估计而来。最初，人们估计四川养猪数量，多从政府收取的屠宰税入手，即以每年收取的屠宰税总额除以当年的征收标准，就可算出每年屠宰的猪只数量。

周询《蜀海丛谈》记载，清光绪二十年（1894），三费局共收取肉厘（1915年改名屠宰税）50余万两，按每头收取肉厘400文计，可推算出四川当年宰猪370万头；宣统二年（1910），肉厘收入110万两，按每头收取肉厘600文计，屠宰肥猪450.8万头。[2]

---

① 民国《泸县志》，卷三。

② 周询：《蜀海丛谈》，卷一，台北：文海出版社，1966年，第12页。

李永桂的《四川屠宰税的由来与发展》记载：1912年，四川省肉厘收入57.4万两，以每头收取肉厘400文计，屠宰猪476.8万头；1913年，肉厘收入87.6万两，以每头收取肉厘400文计，屠宰猪635.5万头；1914年，肉厘收入130万两，以每头收取肉厘500文计，屠宰猪700万头。

曹既生在《畜产与四川经济及其发展捷径》一文中亦曰：1935年，屠宰税收入为403.83万元，以每头收取肉厘5角计，屠宰肥猪为485.6万头。1936年，屠宰税收入为380.9万元，屠宰肥猪为457.7万头。对上述不同时期宰杀的猪只数量进行比较，我们可以得出，四川年均屠猪数量基本保持在450万头以上。

但是，屠宰的生猪数量并不等于四川生猪的实际饲养数。为了解决这个问题，学者史道元在调查基础上提出，如果考虑不能宰杀的种猪、遭瘟疫死亡的猪、包额税商人的利益、私自屠宰的猪等因素，四川实际养猪数量应在屠宰税估算数的基础上，加倍之后，或可近于事实。因此，民国时期学者史道元认为四川养猪的数量大约在900万头之上。

民国以后，受西方学术思想的影响，以屠宰税来估算猪只数量的方法，因过于主观性，逐渐被人们所放弃。人们开始把西方统计学知识引入猪只数量调查之中，"百户统计法"成为人们估算猪只数量最普遍的方法。以100个农户平均饲养猪数乘以该地区的户数，就可统计出该地区饲养的猪只数。1936年中央农业实验所以这种方法，对全川猪只数量进行了估计，得出四川省有猪1213万头，平均100户农家有猪156头。同年，四川家畜保育所亦在华阳、荣昌、嘉陵江山峡、南充及新都五实验区，按100户统计法，举办逐户调查，统计结果为每百户平均有猪135.8头，即平均每户1.36头，再乘以全省人口户数，即得出四川养猪数量大致为1127万头。[1]很

---

① 张肖梅：《四川经济参考资料》，第14章20节，上海：工读出版社，1939年，第27页。

明显，这种方法若取样客观，大体上可反映出四川生猪饲养数量。

2003年，南京农业大学的李群教授，查阅了《农商统计表》《农情报告》《中华民国统计年鉴》《中国年鉴》《畜牧兽医季刊》以及各地经济部门的调查统计资料，对民国以来四川养猪数量进行了估计及校正，他认为，从1910年到1949年，四川猪只的大致数目应如表1-1：

表1-1 四川 1910—1949 年猪只数量表（单位：千头）

年份	数量（千头）	年份	数量（千头）	年份	数量（千头）	年份	数量（千头）
1910	11890	1925	10900	1937	11200	1944	13500
1912	11000	1930	11500	1938	11800	1945	15331
1914	11500	1933	12051	1939	12200	1946	15601
1915	11800	1934	13371	1940	12600	1947	15934
1916	11500	1935	11738	1942	12900	1948	13400
1920	10400	1936	10920	1943	13210	1949	12048

资料来源：李群：《中国近代畜牧业发展研究》，南京农业大学未刊博士论文，2003年6月，第70—71页。

通过以上三种统计数字的对比，我们虽然难以知道四川养猪的准确数字，但可以认为，自清末以来，四川养猪的数量大致保持在1000万~1500万头范围之内。若以每头猪生产2两猪鬃计，全省每年的猪鬃产量则在12500~18750担。据甘祠森编的《四十五年来四川进出口贸易统计》一书记载，从1912年到1937年，四川年均出口猪鬃为13752担，出口最大值为18187担（1935年），最低值为9742担（1926年），与上述估计之猪鬃数量大致相符。

三、四川养猪业兴盛的原因分析

四川农家，无论贵贱，不分贫富；无论高山低原，不分沃土脊地，差不多有人的地方就有家畜，故有"黑毛猪，家家有"的蜀谚。考究四川畜牧业发达的原因，除了四川优越的自然地理环境、青绿植物丰富、养植成本较其他地区低外，经济的动机以及土地对畜粪的需求成为畜牧业兴盛的根本因素。

如前所述，四川省养猪历史悠久，早在夏、商、周时代，广袤的四川大地就已经"土植五谷，牲具六畜"。在经历几千年漫长的发展历程后，至光绪年间，四川省生猪数量跃居全国之首，"黑毛猪，家家有"的蜀谚传遍大江南北。

四川农家，不论贫富，无不养猪。南溪，豕棚鸡栖，遍布乡间，每每可见川民以所收麦、芋、黍、薯之类粮食喂猪；万源，有"无豕不成家"之说，盖因粪积肥料为农家所必需。

进入20世纪后，生猪饲养，这一农村古老的自给性副业，在城市发展、工业兴起和对外贸易扩大的背景下，商品化程度越来越高，猪之油、肉、肠、火腿、猪鬃皆为贸易性商品，其中尤以猪鬃商品价值最高，宰猪一头可采鬃3~4市两，鬃价可达全猪价值的1/10~1/8。市场对猪之副产品的大量需求刺激了四川农村养猪业的发展，以养猪、拔鬃、刮肠为内容的产业链成为川民副业收入的重要途径。

民国初期，荣县全县9万户人家中，喂猪户有7万多户，约占总户数的78%；绵竹，饲猪15万头，为其邻县之冠，缘以该县产酒素，所余糟粕，用以喂猪，甚为经济；崇庆，每月可出肥豕3000只，年可出3万余只，本县消耗年约2万，外运约1万只；泸县，出口猪鬃1000担，白毛700担，担值500元，黑毛300担，担值90元，总价值37万元。据四川省副业统计，四川省养猪农家占全省农户的74.8%，每户平均人数为1.7人，每年可获利353.8元，为川民获利最大的副业。

（一）经济利益的追求

四川人口经历明末浩劫后，经康、雍、乾数代的大规模移民，人口迅速增加，至咸丰年间数量跃居全国第一。但是随着人口的增加，四川人地矛盾开始突显，由清初的"有可耕之田，无可耕之民"，变为道光时期的人满为患，无田之家居大半，山坡水涯，耕垦无余。江油县"一户之土，仅供数口，多男必出为继，盖地不足而人无食也"[①]。光绪六年（1880），四川总督丁宝桢就四川省人地矛盾有感云："川省人民繁庶，贫苦居多，现在民间田土，凡山巅水涯田塍土堰，无不栽种麦菽。报官上粮，实无地可垦。"[②]民国初年，人地矛盾更加突出，农田区域很少的川北丘陵区，亦因人口日益稠密，于是"山隈土角，锄痕殆遍，有长不及丈，宽仅盈尺的稻田，更小的种谷的土还不少呢，所以古墓间的余地，都少荒着的了"。[③]20世纪30年代初，四川土地过度垦辟状况仍令外地人惊叹。1931年北平大学董时进《考察四川农业及乡村经济情形报告》云："由峡朔江而上，沿岸所见，有倾斜不下七八十度之山地，概经开垦，石岩之上，凡有一勺泥沙，一勺泥土，亦无虚置。土岸田畔之垂直面上，亦少未种植者……无旷土之理想，川省内地可谓已完全达到。"[④]据有关学者推算，四川人均耕地面积，同治

---

① 光绪《江油县志》，卷四。
② 鲁子键：《清代四川财政史》（上册），成都：四川社会科学出版社，1988年，第78页。
③ 冯和法：《中国农村经济资料》，台北：华世出版社，1978年，第839页。
① 冯和法：《中国农村经济资料》，台北：华世出版社，1978年，第819页。

十二年（1873）为2.85亩；光绪二十三年（1897）为2.42亩；宣统二年（1910）为2.33亩；民国七年（1918）则为1.84亩，低于当时维持最低生活水准的人均4亩土地。[①]

生存压力，迫使农民不得不因地制宜，在提高土地产出的同时，发展土地之外的经济，以提高经济收益，补贴生计。但是近代四川产业落后，工业吸纳农村剩余劳动力的能力极其微弱，除极少农民进城务工，绝大多数农民只得依托土地，发展农村副业，补贴农民吃粮之外的另一半需求。

据《中农月刊》1948年调查，20世纪初，四川省副业种类计36种，按其性质分为五大类：（1）特产种植，如蔬菜、水果、桐树、桑树、烟叶等；（2）各类动物家禽饲养；（3）日用品制造，如织布、编织、刺绣等；（4）农产品加工，如制糖、榨油、纺纱、纺绸等；（5）其他，如经商、帮工、行医等。[②]但最能兼顾种植业及获取货币的副业非养猪业莫属，养猪业成为四川农民的首选。如川东巴县"山多土脊，民劳俗朴，户口日繁，计地所出，岁莫能给，力农之外，多饲猪以求补救之术"。[③]1931年四川省副业调查统计发现，养猪农家占全省农户的74.8%，远高于纺纱（24.7%）、纺线（23.2%）、绩麻（21.8%）、养蚕（19.8%）；养猪每年所获得的利润为353.8元，高于第二位的抬滑竿（324.2元），以及织布（312.7元），更高于养蚕所获取的142.7元，是川民获利最大的副业。[④]

此外，我们把农民的养猪收入与农家经济的总收入进行比较，猪之

---

② 王笛：《跨越封闭的世界》，北京：中华书局，2001年，第114页。

③ 石桦：《胜利以来我国农村经济概况》，《中农月刊》，第9卷第4期，1948年7月。

④ 向楚编：《民国巴县志选注》，重庆：重庆出版社，1989年，第627页。

① 孙虎臣：《四川农村副业调查》，《四川经济季刊》，第2卷第1期，1945年。

地位又当如何？1926年有学者对四川峨眉县田区调查发现，当地农户收入来源主要由出售作物、出售生猪、卖柴、卖生果、帮人做工等几项组成。在他们每年70元的总入息中，卖猪得到的入息为18.8元，占总入息的27.4%；出售作物的收入为13.82元，占总入息的20%；卖柴和卖生果的收入占总入息的16.8%；而帮人做工的收入仅为15.4%。从中，我们可看出售猪为农民最大的进项，超过作物出售，所以，当地农民养猪极为普遍，平均每户有猪2.44头。①再以华阳县为例，某佃户，种田40亩，小春可收入300余元，大春如丰年亦仅足以完纳田主，而每年各项开支需400元，如以一小春之收入尚不足开支，幸畜猪4头，长成后可卖80元，即以填补所失。②

由此可见，养猪是农家经济的重要组成部分，每家不可或缺。所以，王国栋在对巴县农村经济进行调查后说："巴县农家贫困加强，货币之需求日急，农家几无不以养猪收入为其货币之来源，交纳捐税、购买日用品全赖此物。"③

（二）对肥料的需要

我国粪肥的使用相传始于商代，西汉农学著作《氾胜之书》曰："汤有旱灾，伊尹作区田，教民粪种，负水浇稼。区田以粪气为美，非必须良田也。"说明当时人们已经知道对平脊的土地施加畜粪，可以助植物生育繁茂。随着农地的广泛开辟以及追求作物的产量、畜粪的使用越来越广

② 冯和法：《中国农村经济资料》，台北：华世出版社，1978年，第246页。

③ 四川家畜保育所：《成华两县畜牧兽医调查书》，《畜牧兽医月刊》（特辑），第1号，1936年7月。

④ 王国栋：《巴县农村经济》，萧铮主编：《民国二十年代大陆土地问题资料》，台北：成文出版社，1977年，第78页。

泛，畜猪积肥，以保地力，成为人们普遍饲猪的重要因素，农家豢豕，意不尽在肉食，道在屎尿，此肥料之大源也，故农家无不豢豕者。

谢开明在《复兴农村中的肥料》一文中认为："夫农业之增加，固有赖于雨水调匀，品种改良，然适宜肥料之施用，实未可忽视。盖农以土地为基础，而地力之维持，舍肥料莫由。"[①]并且经过长期的农业实践，人们已经认识到猪粪对作物的营养，远高于其他牲畜所产之畜粪，在猪粪的成分中，有机物含量高达12.5%，氮素为0.7%，磷酸为0.27%，钾酸为0.4%。马、骡、驴、牛等力畜虽日产畜粪较多，但养分太低，农民较少使用。羊粪、鸡粪、鸭粪虽能助作物生长，但易造成土地板结，不容易耕种，必须与猪粪混合才能使用。

人粪虽为营养价值最高的天然肥料，但除了靠近城市的地方外，人粪不易获得，加之粪商售粪时还要掺水，从而制约了人粪的使用。所以，在广大的人烟稀少的农村地区，猪粪遂成为农家肥料的首选和主要来源（见表1-2）。

表 1-2　猪粪化学成分表

	水分（%）	有机物（%）	氮素（%）	磷酸（%）	钾酸（%）
猪粪	80.5	12.5	0.7	0.27	0.4
猪尿	98.0	1.0	0.25	0.6	0.75
鲜猪血	80	1.3	2.9	0.15	0.15

资料来源：史道源《四川省之猪鬃》，《四川经济研究专号》，第3号，1946年8月。

---

① 谢开明：《复兴农村中的肥料》（下），《四川省立农学院院刊》，第1卷第1期，1934年8月。

四川全省山脉纵横，耕植的土地，多为山地与丘陵，一遇雨水，土肥冲洗甚速。因此土壤的地力需要大量的肥料予以经常性的补充。四川全省田圃面积为1.25亿亩，每亩每年需粪肥1200斤左右，若按当时100斤粪肥值银1角计，则全川用于田圃的肥料，共值1.5亿余元。[①]

尽管化学肥料已于1913年由德国爱礼司洋行带入中国，但就当时四川农民的经济状况而言，全川5000万人中，要让每人每年支付2.5元购买农田所需的肥料，几无任何可能。如果没有牲畜每年生产此1.5亿余元的肥料，农村经济无疑会出现巨大的损失。

猪粪为农村最容易获得的肥料，而其所含的成分又较为完全，因猪所食的各种饲料，氮素与磷、钾，约3/4，仍泻为粪，加粪入土，故肥料要素，仍可不竭。况且，畜粪之中，各种细菌含量丰富，于腐殖质之酿成，地温之增高，水分之调节，空气之流通，植物养料之固定，空气氮素之利用，均非他种肥料所可企及，故全省各地，经数千年的耕种，而地力不竭者，牲畜实兴力焉！[②]

那么粪肥对农产增加的影响究竟多大呢？这一问题，国内外学者多有研究，据日本农业改良机构称，日本明治二十年（1887）至昭和七年（1932年），种稻面积增加16%，而产量增加60%，究其原因，在于肥料使用得当，增加78.5%，而病虫防除得法，且经过了品种改良的增加者仅为21.5%。同样，来自德国的研究报告也表明，种子改良可增加农产品产量20%；耕锄改良及病虫防除可增加产量30%；而肥料改良增加的农产品产量则为50%。[③]这一结果，与四川家畜保育所在华阳实验区中和场

① 刘主生：《四川农家肥料》，《四川农业月刊》，第1卷第3期，1933年
② 陈希桓：《四川畜产事业之重要及衰败之原因》，《四川农业月刊》，第1卷第2期，1933年。
① 谢开明：《复兴农村中的肥料》（下），《四川省立农学院院刊》，第1卷第1期，1934年8月。

第9保农家调查皆证实，农家普遍认为，养猪如果考虑成本——饲料、人工、设备等因素，与肉价相比，实际是赚不到钱的。他们养猪主要在于粪肥对作物增产的价值。在肥料生产上，无论量和质，猪都优于其他牲畜。一头猪每年所产的粪肥可以满足2亩田的需要。施肥的稻田每亩可打3担的稻谷，不施肥的稻田每亩仅有1.5担的收获，或者更少。当地农家平均有地10亩，如果不养猪，没有猪粪，10亩地就会少收15担，按当时8元钱1担，15担要值120元，这120元就是要养猪才能得到，这就是养猪无形中所得到的利益。如果再加上粪肥对麦子、油菜、豆子等农作物的增产带来的效益，那么因为猪粪的关系，农家全年收入至少可增加200元以上，由此可见猪的效用之巨大。①

② 汪国兴：《养猪的效用》，《建设周讯》，第1卷第4期，1937年4月。

第三节　影响近代四川养猪业发展的外部条件

四川处于西南内陆，由于自然地理的屏障，与盆地外部交通联系不易。明末清初湖广填四川出现大规模的移民拓垦之后，四川处于相对封闭的环境，较少受到外力的影响。近代以来，有几个时期由于外力入川，对四川经济社会结构、农村经济以及畜牧业发展造成相当大的冲击和影响。

一、开埠通商与洋行入川

1891年重庆开埠通商，打开了四川门户。四川对外贸易的扩大不仅改变了农村生产结构，加速了农业商品化；同时也强化了四川盆地与省际、国际市场的联系。

1890年《烟台条约续增专条》（即《重庆通商条约》）签订后，重庆设立海关，美商、法商洋行纷至。1895年中日《马关条约》签订，日本取得川江航行权，次年于重庆设领事馆。日本商民在租界内开公司办工厂，各国除援例设馆外，更乘机派军舰入川，探测川江航道，展开对川贸易的争夺。1902年《中英续议通商航船条约》又将万县辟为商埠，由于各国借传教、通商之由，相继进入四川，对于四川社会造成相当的冲击。四川由一个传统区域经济市场，逐渐成为资本主义市场体系的一环。

重庆开埠后，外商相继于重庆设立洋行，如英商立德洋行、太古洋行、怡和洋行，美商孚油洋行，法商道新洋行，德商华昌洋行与亚诺洋行等。据不完全统计，从1890年到1911年，各国先后在重庆设立洋行、公司达51家，有的经营较好，有的旋办旋灭，到辛亥革命爆发时，仍在营业的有28家。在最初的51家洋行中，按国别分类，英国有17家，德国和日本各11家，美国6家，法国4家，英美合办的1家。它们的到来，改变了四川原有的贸易结构，四川对外贸易呈现新的变化：

变化一，农、畜、山货原料产品异军突起，成为对外贸易的主要商品，山货业发展为四川第一输出产业。1890年，重庆主要出口山货中，木耳、药材、麝香、五倍子、大黄、白蜡等六项出口总值为726244两，占当年重庆出口总值的35.6%。此外，猪鬃、猪肠、牛皮等畜产品输出也开始兴盛，尤其猪鬃发展迅速，若以1892年的出口值指数为100%，到1913年出口值指数则达2160.4%，20余年间增加了20余倍。

变化二，四川的商品输出贸易重心发生转移，开埠前以国内为主，开埠后由于农、畜产品的大量出口，输出重心转向了国外市场。据严奇岩在《近代四川山货研究》一文中对山货销售的统计，开埠后，四川主销国外的山货年出口平均值为2600万元，而主销省外的山货年出口平均值为600万元。这从一个侧面反映了，四川出口商品以国外为主，四川成为列强的原料产地，是四川半殖民地化的反映。

当然，这些变化除与重庆开埠直接相关外，主要与洋行入川后对原料品的大力开发密不可分。洋行虽设在重庆，但辐射全川，为打开四川市场，扩大商品交易，纷纷把侵略触角伸向全川。他们通过设立于各地的分支机构或代办处，依靠佣金与买办制度，利用各种特权，对四川传统的商业流通渠道进行改造，逐步建立起一个以洋行和代办处为核心，由腹地各层次商人组成的洋货分销网和土货购销网。在外贸要求下，一些字号、行栈改变了原有的经营方向，转而从事进出口贸易，成为这个购销网络中不可或缺的流通环节。洋行利用买办为其攒货，而买办又依靠字号，字号又依靠行栈，行栈依靠中路，中路依靠产区贩商和各地山客。它们一方面代售洋货，另一方面收购土货，故"每年在一定的季节里，商人从偏僻和遥远的城镇如成都、保宁府、潼川府、叙宁府、嘉定府、叙州府、绵州、合州及其它重要地方，有的由陆路，有的由水路来到重庆，运来他的土产，……并带回洋货"①。就这样，各国洋行将四川纳入到资本主义市场体系之中，对四川农业和畜牧业发展产生了巨大影响和冲击。

外商对四川经济资源竞夺，也刺激了政府官员对于振兴农工商业的重视。清末的四川新政亦因而产生。在四川所推行的新政中，较具影响的如1904年成立劝工总局，1905年成立矿物调查局，1907年成立通省劝业道，1908年赵尔巽奏请设立全省矿物总公司。1909年，四川省当局还专门设立了四川农务总会，各府、厅、州、县则设分会，县属以下的乡镇等设分所，其主要职能为协助官方"改良（农业）种植，发展畜牧，联合社会"，具体工作则包括各种农业政策的颁布，农畜实验场、农事讲习所的大量建立，各种农作物和工艺作物的提倡及推广等。各级农会成立，对于发展四川省农业、畜牧业具有重要的意义。

二、滇黔军阀争川与军阀防区制的形成

民国初期四川因外力入川，再次出现长期的社会动乱，军阀交相争

---

① 姚贤镐编：《中国近代对外贸易史资料》（第3册），北京：中华书局，1962年版，第1549页。

夺四川地盘，引起社会秩序的脱序以及经济的衰退。此一时期的外力不同于清末开埠，川人对于外省军阀不尽如排挤洋人般抗拒。四川地方军人对于外省军阀，或依赖——如刘存厚倾向于北洋军阀，熊克武亲近于西南军阀；或联合，如刘湘联合黔军袁祖铭驱逐杨森；或排挤——如熊克武多次打着川人治川的旗号，联合川军驱逐滇黔军与北洋军，以及刘湘、杨森合力驱逐袁祖铭之战。

不过四川军阀逐出外力后，彼此又展开大规模的战争，交相争夺地盘，陷入内斗的局面。1912年12月滇军入川，控制川南叙府、泸州一带，其后1915—1917年间爆发的讨袁战争、护法运动，造成滇黔军长期占驻四川，引起川系军阀的不满。滇黔军和川军刘存厚为争夺四川军政大权，于1917年先后发生刘罗（罗佩金）、刘戴（戴戡）两次成都巷战，四川地区军阀进而开始混战。

从1919年防区制形成，至1935年国民政府势力进入四川，防区制瓦解，四川省军阀"混战时间之长，次数之多，为祸之烈，均甲于全国"。从刘戴之战等给人民群众带来的灾难中可窥见一斑。"合计省城繁盛之处，已焚去一半，人民失业者，不下十余万，诚数百年未有之浩劫也。"[①]

四川从1912年成都兵变至1932年二刘大战，共发生470次军阀混战，其中规模较大的有：1918年唐继尧策动倒熊克武，1920年靖川之役，熊克武联合刘存厚对付滇黔军，滇黔军退出四川。川军逐出滇黔军阀后，复陷入内部火拼的局面，熊克武又联合刘湘逐刘存厚出川；进而熊刘再战，以致杨森被逐，刘湘下野。1923年杨森在吴佩孚的支持下打回四川，

---

① 余承基：《刘戴成都巷战血迹记》，《四川军阀史料》第1辑，第142页。转引自隗瀛涛主编《四川近代史稿》，成都：四川人民出版社，1990年，第805页。

熊克武兵败出川。1925年杨森发动统一四川之役，刘湘联合黔军袁祖铭将杨森驱逐四川；其后刘湘、杨森再度联手发动驱逐黔军之战，至1926年，侵入四川长达十年的滇黔军势力完全撤离四川。川军逐退滇黔军后，混战又起。1928年杨森、刘湘两军冲突，爆发下川东之役。1929年杨森、刘文辉等部，于上川东资中、内江一带对决，至1933年二刘（刘湘、刘文辉）交战，结果刘文辉弃夺成都，最后终由刘湘统一全川。

防区制的形成，可说是四川大小军阀的利益分赃，防区大小以县的数目多寡而定；由于军阀不时为地盘而争战，防区面积亦不时变化。主要的防区包括杨森的二十军，杨森一度占有川江下游地区；1929年战败后，仅控有广安周围数县。刘湘的二十一军，最初仅保有川南数县，1929年后控制川东长江以南大部地区。刘文辉的二十四军，1932年以前，占有川南与川西南大部地区。邓锡侯的二十八军占有成都以西及以北数县。田颂尧的二十九军防区主要在川中北与川东北，至于刘存厚，仅占有杨森防区东北的几个县分。这些防区中，以刘文辉的防区最大，多达80余县，至于刘湘、邓锡侯、田颂尧等防区则分别占有14~28个县。民国以来四川军人扩张甚速，20世纪30年代初，四川部队人数超过其他省份，为全国之冠；据估算，当时四川至少有30余万人。

四川军阀为巩固地盘，扩大势力范围，连年征战，不仅造成四川政局的不稳，社会经济亦遭破坏。军阀滥发纸币，造成通货膨胀，税捐重叠以致出口锐减，四川向居首要的井盐业和制糖业，亦因而萧条衰退。由于连年征战，拉夫过甚，农村人口大量离村，以致农村生产力减弱。为筹军费来源，军阀预征田赋，附加苛捐，加重农民的负担。还兼并土地，迫种鸦片，造成粮食减产，导致农村经济危机。综观军阀混战，庞大的兵费支出不仅消蚀了四川的经济资源，同时由于长期的兵灾战祸，更破坏了农业生态环境。

三、国民党中央势力的进入与冲击

自1935年国民政府势力入川后，四川军政结构首当其冲，地方势力不得不重作调整，并且面临中央威权的挑战。1937—1945年全面抗战期间，由于国民政府迁渝，重庆变为陪都，各省人口大量入川；同时沿海各地工厂相继内迁，带来大批资金与技术。抗战后，四川担负人力、物力以及财力的重担，川军不仅出川作战，同时川省农民得肩负起粮食供应的重责大任。川省虽然获得不少社会资源，却也同时面临中央与他省势力进入的冲击与挑战。

1937年10月，蒋介石发表《国府迁渝与抗战前途》讲演，11月，国民政府发表移驻重庆宣言，确定以四川作为抗日根据地。1940年9月，国府更明令重庆为陪都，重庆成为战时全国政治、军事、经济、文化中心。抗战八年，对于重庆以及四川一省来说，颇具历史意义。大量人口、政府机构、工厂、学校、社会文化团体的溯江西迁，改变了盆地内的自然与人文景观。

抗战时期沿海沿江人口入川，促进了西南与西北地区的开发，随着政府迁渝，大批政府公务员、内迁工厂带来技术人员与管理人员，高等学校师生以及各地难民等亦涌入四川，大致上各地入川人口在200万以上。重庆与成都两大城市人口皆有快速成长，此外，万县、涪陵、泸州、宜宾、内江等沿江城市人口亦增加不少，大批移民造成城市人口的高度集中。这些入川城市人口，以重庆来说，其职业区分以商业、工矿业以及党政军人数增加比例较高。他们固然提供了城市人力资源，有助于工商企业的发展；然而庞大的人口，却也造成四川粮食与肉食供应的压力。

1938年10月以后，沿海被封锁，粮食供应困难，为稳定战时粮源和肉类的供应，政府一面鼓动农民增产粮食、发展畜牧业，一面进行粮食和畜产品管制。因应战时的需要，抗战时期四川的农业政策，主要是增加农业投资、推广农业科技、鼓励畜产品出口等。

整体而言，抗战时期四川社会有重要的变迁，1935年国民政府势力入川，结束了四川军阀内斗混战的局面。抗战开始后中央军政势力介入省政事务尤深，四川与中央关系的互动更加微妙。

此外，从人口的变迁来观察，川人出川抗战人口将近300万，造成农村人口的大流动，也造成农业生产力的减弱。然而长江中下游各省人口大批入川，不仅造就了一些城市，同时也促进了城市的规模发展。此外，外省人口不仅提供了工矿业的人力资源，也促进了盆地内粮食增产，此一形势有助于四川农业的发展。从战时农业的改良、工商业的繁荣，以及城市的兴起来看，象征着四川社会阶层流动的加速，以及产业结构的扩大。

近代四川盆地出现了三次外力冲击。19世纪90年代，帝国主义势力进入四川农村，一则加速传统社会迈向现代化的发展，如新兴的经济组织以及社会阶层的兴起，有助于社会的开放与多元发展。其次，外力的冲击，也强化了川人的危机意识。从打教排外到新式企业的创办，反映了川人在挽回利权的行动上，从保守排外渐趋于理性；而维新思想的传播，更强化了清末新政时期改革的动力。此外，川江轮船航运，扩大了四川与长江中下游地区的联系，助长了四川盆地东向发展的趋势。至于民初滇黔军阀驻川，基本是清中央政府瓦解后，地域主义抬头的具体表现。滇黔军阀扰川，再一次提醒了川人对盆地外部社会的疑虑，凝聚了川人的地域情结，促进了四川军阀防区的形成。军阀防区制，不仅阻隔了四川经济与外部社会的互动；连年的征战，也几乎动摇了封闭社会经济发展的基础。20世纪20年代的四川，相对于清末社会整体的发展，可说是迟缓甚至停滞不前。1935年中央军政势力进入四川，虽造成了地方军人与国民政府的冲突与紧张，然而抗战以后的沿海经济与国家力量，有利于四川的发展；只不过战时政府的建设过于短暂，根基未深，仍无法顺利转化为现代社会。

第二章
近代四川畜牧教育与畜牧研究机构

　　我国畜牧兽医技术的历史悠久，授业的方式主要是祖传或师徒相继，集中传授可说是始于隋唐太仆寺。15世纪明代末叶，"博选各范俊秀堪训子弟，会集平凉，建舍数间，以教以学"，并以当时刊行的八卷《新刊监本增注司牧安骥集》作为官定教材，这是最早的以学校形式培养畜牧兽医人员。近代四川实施畜牧兽医教育、培养相关人才始于20世纪初，农业教育兴起之时，在20世纪30年代中、后期，畜牧教育才有了一个大发展。其间，畜牧兽医教育形式多样，除按国家教育计划规定培养的高级和中级畜牧兽医人员外，另因形势发展的需要，举办了不同类型的畜牧兽医人员短期培训班。通过各种形式的畜牧兽医教育，培养了大批的畜牧人才，推动了四川畜牧事业的发展，从科技和人才的维度奠定了四川养猪业现代转型的基础。

第一节　近代四川畜牧兽医教育与人才培养

一、近代四川畜牧兽医教育提出

四川是我国传统畜牧大省，优越的自然地理环境，以及发达的种植业，使得四川省牲畜种类繁多、数量庞大。周询在《蜀海丛谈》一书中记载，清光绪二十年（1894），全川牲畜数量，猪1189万，牛267万，羊153万，鸡776万，骡马鸭鹅等数量亦均可观。[①]

1890年四川开埠通商，四川省畜牧业所处的内外环境发生改变，畜牧业生产及畜产品贸易逐渐纳入全球资本主义市场经济体系之中，国际国内市场对四川省畜牧业发展在"质与量"方面提出新的要求。然而，当时四川畜牧业受小农经济条件的限制和其他历史因素的影响，仍循着传统的生产方式粗放发展，繁育、饲养及兽医等方面的技术至为落后，弊端甚多，难以适应外部环境对四川畜牧业提出的要求。

宣统三年（1911），省劝业道调查四川畜牧情形时曾这样报告：川省畜种，类多混杂，血统混淆，明显存在着品种不纯、效率低下的缺点。川民选种，"只知注意毛色及身躯之大小，而不知注意其祖系渊源；只知在本地本群内选择，而不知向他处采购优种，以新其血液，且牲畜繁殖时，任其自由交配，素不讲求以优良牲畜配种及改良品种，以

---

① 周询：《蜀海丛谈》，卷一，台北：文海出版社，1966年，第68页。

故畜种退化严重"。[①]"如配育之公猪，品种极差，业公猪（俗称脚猪）者多属孤独残废，地位极低，为博交配费，不待脚猪未达役用之期，急行走配，且每日交配次数多达七八次，精虫质量堪忧，是以畜种每况愈下。"[②]

繁育、饲养技术，由于习染，皆守旧法，不知科学之改良，尤形卑劣。据调查者所说："乡村之中，民家莫不饲养雏鸡以产鸡蛋。而孵卵方法，系将鸡蛋置于瓦制之罐中，温之于火炕之上，此炕系砖土所筑，本作卧榻之用，炕中焚烧木炭，火势缓然，孵化之蛋，时精心以移转，使其温度平均，而年老之妇女，则往往缚鸡蛋于胸际以孵化之，其法之简，已可见一斑矣"。[③]

家畜的饲养及管理亦不科学，沿袭旧制。以健乐盐区饲养"车牛"为例，"管理之人名'牛牌子'对于饲养方法多不加注意，如常于激烈工作之后，未予休息，即喂以饲料。春夏秋以青草为主，冬季则以甘蔗为主，故对于牛的营养常感不足，尤以冬日为甚。至于饮料，夏秋取之于田中，冬日则取之于沟渠，水质混浊，且污秽异常，以此等水作饮料，又焉得不疾病发生，疫病流行耶！？"[④]同时，农民对牲畜饲料从不懂加入食盐；对饲料中夹杂的土、石等物，也不知清除，以致酿成牲畜因病死亡。

大牲畜厩舍设计弊端明显，多有门无窗，空气流通不畅，缺乏日光照射，甚至还与厕所相伴，致使牲畜厩舍多阴湿、秽臭，空间则污秽弥

---

① 陈希桓：《四川畜产事业之重要及衰败之原因》，《四川农业月刊》，第2卷第2期，1936年3月。

② 《华阳县畜牧兽医调查报告书》，《畜牧兽医月刊》，第4卷第1期，1936年9月。

③ 郭文韬编：《中国农业科技发展史略》，北京中国科学技术出版社，1990年，第455页。

④ 胡虞：《汉源县之畜牧概况》，《畜牧兽医月刊》，第2卷第2期，1936年3月。

漫，地上则尿粪狼藉，结果造成病菌繁殖引发牲畜易滋生的各种疾病。

此外，传统的兽医技术对大多数流行性传染疫病缺乏有效的预防和治疗手段，当丹毒、猪瘟、炭疽这些新出现牲畜疫病流行时，则全靠当地之旧式牛太医，或施以针灸，或施以药饵，此外悉或求之于鬼神。至旧式之牛太医，学识全无，仅凭其浅薄之经验，其不合于科学，似无可讳言。农民更是束手无策。若遇瘟疫发生，则群相束手无策，狡猾者则乱施针灸，反更加重其病。

是故四川省每遇疫病发作，家畜损失尤大。同治九年（1870），简州，豕身现方印，色红水肿，数日即死。同治十年，犍为，牛瘟大行，发病之牛，口内生水泡，流口涎，发恶臭，死时肠溃烂。1908年，汉源，兽疫爆发时，全县3500头猪中，死亡1400余头，其他羊、马、骡、鸡等死亡年亦在1/5之上；1927年春，理藩、金川县发生牛瘟，倒毙耕牛数百头，使农业生产缺乏动力，不能耕种；1935年，牛瘟在川西及川北流行，波及30余县，其中，广元一县，因牛瘟而死之牛，达1万余头；1937年，川北南部县瘟疫爆发，随后牛瘟由川北蔓延松潘、南坪、靖化一带，致使2000头牛发病，死亡976头，危害极大；1939年"川东秀山、涪陵、长寿县等地发生牛瘟，蔓延至重庆，导致重庆各乳牛场（户）发生牛瘟，50%的奶牛发病，乳牛死亡近200余头，达发病病牛的70%"[①]；1940年，中江、金堂等地发生牛瘟，死牛1030头；1944年春，青海玉树牛瘟传入石渠、康定，蔓延千余千米，死牛2万余头。

据有关部门调查，川省每年猪之死于瘟疫者，约30%，鸡之死于鸡瘟和其他传染病者，约30%，耕牛在平常年间，死亡率约为5%。以上种种因

---

① 蔡无忌、何正礼编著：《中国现代畜牧兽医史料》，上海：上海科技出版社，1956年，第273页。

素的存在，严重制约了四川省畜牧业的发展，畜牧业生产长期在一个低水平上循环，畜牧业日趋衰败，民生日蹙。为此，许多有识之士认识到要振兴畜牧业，必须倡导农学，借鉴西方先进的畜牧兽医方面的技术，革除传统畜牧知识之弊端。四川畜牧教育正是在这种背景下应运而生的。

二、四川畜牧兽医教育机构

近代四川没有独立的畜牧学校，畜牧教育一直是在农业学校里进行，其兴起和演变的历程基本上与农业学校一致。

1906年，四川总督锡良有感于农业教育于农业发展的重要，特开办四川公立农政学堂，将"教授农业必须之知识，应有之艺能，用中国之成法，参东洋之新理，使学者能从事农业"作为办学的宗旨。

学校开办时所招学生从小学毕业生中调取，不收学费，最初为40名，后增至170余人。次年，学校划归四川省劝业道周孝怀继办，遂更名为四川通省中等农业学堂，该学堂设有预科和本科。本科分农业、蚕业、林业、兽医、水产五科。兽医科开设的课程除农业、林业外，也开设了诸如"动物学""兽疫""家畜饲养论""畜产学""家畜管理实习"等课程，使学员深明育种、饲养，学成而后，归而教一乡一邑。担任上述课程的教师，主要是川督锡良于1905年春选派赴日学习农牧业的返川留学生，另有少数外籍教师如日本人松浦胜太郎等。

1909年，川滇边务大臣途经邓柯，见当地人民游牧落后，设邓柯畜牧学校，招收当地牧民，传授其制作酥油、剪羊毛、牛毛的技法。[1]

---

[1] 四川畜牧兽医学会主编：《四川畜牧兽医发展简史》，成都：四川科技出版社，1989年，第29页。

随后，四川省一些地方也相继开办了一批初等、中等农业学校，至1911年，全省计有农业和畜牧业性质的初等农业学堂12所、中等农业学堂2所。

辛亥革命以后，四川因军阀战乱频繁，农业学校发展不大，到1931年底，全省计有涉及畜牧兽医教育的乙种农业学校（相当于清末初等农业学校）15所，甲种农业、职业学校（相当于清末中等农业学校）5所。

这一时期，高等农业学堂在四川出现。1912年，四川执政当局将四川通省中等农业学堂升级为四川公立高等农业学堂。四川高等畜牧兽医教育，由是拉开了序幕。

（一）四川省高级形式的畜牧兽医教育

1. 四川省畜牧兽医教育和人才培养院系

（1）国立四川大学农学院农艺系畜牧兽医组

国立四川大学农学院的前身是1906年创立的四川公立农政学堂（四川总督锡良倡办、四川布政使许涵度经办），翌年改称四川通省中等农业学堂（四川省劝业道员周孝怀继办），1912年中华民国成立，改为四川公立高等农业学校，1914年易名为四川公立农业专门学校，1916年更名为四川省立农业专门学校。在这一时期，留学日本东京帝国大学农学部畜牧兽医科的雅安人张祉兹学成回国，随即在该校讲授畜牧兽医之法，培养畜牧兽医人才，时间达14年之久。其间，张祉兹为使学生了解日本先进的畜牧技术，曾带领第九、十两届的畜牧兽医系学生赴日本实习，考察日本现代的畜牧业生产和兽医事业。

1935年，该校与重庆大学农学院一同并入四川大学，组成国立四川大学农学院。次年，农学院设立畜牧研究室，隶属于农艺系，专事畜牧教学与研究。1939年张松荫教授来校成立畜牧兽医组，邀请王来珍先生、陈朝玉教授、罗清生教授、汪启愚教授等来校任教，教授畜牧通论、家禽饲养、家禽畜种学、家禽传染病学等课程。同时，在四川各地设立多座畜牧场，修建乳牛舍，引进萨冷奶山羊、来航鸡等多个优良禽种，开展与本地品种进行杂交对比试验。1948年教育部批准改畜牧兽医组为畜牧系，成为农学院下属的独立机构。同年秋聘请中央大学畜牧兽医系主任陈之长担任系主任，此时系内的师资及设备较前有了大的改善，到1949年，畜牧系共培养高级畜牧、兽医技术人才130余人。

（2）四川省立教育学院农业教育系畜牲组

四川省立教育学院初名四川省立乡村建设学院，系1933年8月由四川省府合并川东师范学校附设的师范专修科与国民革命军二十一军军部所设之重庆磁器口中心农事试验场而成。院内设乡村社会系及农事教育系，1936年改组为四川省立教育学院。农业教育系分畜牧、农艺、园艺、农制四个组，系主任黄人俊讲授家禽学，同时主持畜牧组工作。张范村、汪启愚、吴文安、程绍迥、李静涵、夏定友、梁之军等人先后担任该组之专职或兼职教授。

1948年该院与农林部华西兽防处在磁器口合办重庆家畜诊疗院，推广兽医生物药品和疫病防治，邓鹤声任院主任。学院前身中心农事试验场期间曾引进有盘克县猪、约克县猪、萨冷奶山羊和多种优良品种鸡。畜牧组先后毕业的学生人数不多，抗日战争胜利后，由于师资匮乏，不复开设有关畜牧兽医课程。

（3）国立西康（昌）技艺专科学校畜牧兽医科

该校位于西昌市，原为四川第十八行政区所辖地，1939年划归西康省，1955年西康省撤销又合并于四川。畜牧兽医科为该校六科之一，学制为三年，招收高中毕业生和具有同等学历之优秀生。按教学计划规定，除开设必修基础课外，另开设有专业基础课和专业生产课等。先后有专职教授、讲师、助教等十数人，科主任初为张范村教授，继之者为焦龙华、董时厚（兼）。

教师除教学工作外，还接受政府委托率领学生防治猪牛病，或结合学生毕业生产实习进行宁属地区的农收业考察。所写之考察报告或论文，如焦龙华之《宁属畜牧业概况调查报告》、张范村之《从机械化部队谈论建昌马》、朱宣人之《入康琐记录》等皆图唤起政府当局对发展畜牧兽医事业之重视。学校于邛海之滨陈家祠设置简易家备诊疗室，作为高年级学生临床课实习场所。临床课教师负有门诊、出诊任务，以便及时指导学生实习。在泸山之麓设有小型牧场，养有马、牛、羊、鸡等畜禽，供学生实习之用。该校先后培养的畜牧兽医专业人才60~70人，现分布在多数省区，或战斗于畜牧业生产第一线，或从事畜牧兽医教学科研工作。

2. 由外地迁川开设畜牧兽医教育的农业院校

抗战爆发前后，随着四川作为民族复兴基地的确立，外省农业院校纷纷迁入四川，继续办学，它们以雄厚的师资、先进的实验器材以及完备的病理标本，在培养四川高等畜牧兽医技术人才、发展四川高等畜牧兽医教育，以及致力于畜牧兽医科学技术研究等方面工作，发挥了重要作用。

（1）中央大学畜牧兽医系及专修科

原国立中央大学农学院畜牧兽医系，是国内畜牧与兽医教育建立比较早而师资队伍亦比较齐全的一个培养高级畜牧兽医人才的教育机构。它正式建系于1929年，首任系主任为陈之长教授。

1937年抗战爆发，战火由华北蔓延至华东。1938年8月13日上海被日寇侵占后，中央大学奉命随国民政府西迁到达重庆，借用重庆大学校址修建简易校舍。畜牧兽医系教学方面虽在渝做了一定安排，但高年级学生的实习场地无法解决。时逢四川家畜保育所新建立不久，四川建设厅邀请陈之长与罗清生两教授来蓉协助工作，因之商得借用家畜保育所部分房舍为教学与实习场地。同年10月陈之长、罗清生、许振英先生率领三、四年级学生与专修科学生20余人来蓉，向家畜保育所借用部分房屋为教室、实验室、兽医院及牧场等作教学活动场地，借用部分房舍为师生生活用房。一、二年级学生仍留在重庆学习，借用沙坪坝巴县中学学田5亩，安置了由南京带来的乳牛十余头，纯种猪二三十头，还有纯种鸡和北京鸭数十只。①

　　畜牧兽医系在蓉期间与四川地方行政生产、科教单位及科技人员之间开展了技术合作，培养了一批畜牧兽医专业人才。这些毕业生中，有的考取了英庚款留学英国，有的考取公费留学美国；有的出国进修，有的出国实习，他们大多数学成后回国，服务于畜牧兽医研究机关或大专院校。在工作中他们都做出了优异成绩，有的甚至成了蜚声国际的专家。

　　在蓉期间，农改所的技正熊大仕、朱先煌、卢润先后在该系授过课。系里的陈之长、罗生、许振英等教授亦受聘为四川家畜保育所名誉技正，出席农改所召开的重要技术会议。此外他们也为该所主办的畜牧兽医训练班作做一些专题报告。

　　1943年春，美国俄勒冈州立大学教授蒋森（R. G. Johnson）教授来系讲授草原管理学。是年6月，美国农业部技正、家畜遗传育种学博士费理朴（R. W. Phillips）来系作生殖生理及家畜育种之新趋势的学术报告。1944年，农林部美国兽医顾问童立夫（E. A. Tunnicliff）博士亦应邀来系

---

① 四川畜牧兽医学会主编：《四川畜牧兽医发展简史》，成都：四川科技出版社，1989年，第229页。

讲学，和校内学者广泛地进行了学术交流。[①]同期四川农改所畜牧兽医组的主任熊大仕先生亦来系任专职教授，主讲家畜寄生虫等。此时该系的整个面貌大为改观，教学质量亦大有提高。

该系在蓉部分有兽医8人，畜牧教授6人，讲师2人，助教6人。由于专任教师人数增多，原家畜保育所之兽医院又得以充实，每日下午进行门诊或出诊。从此，兽医临床诊疗实习课又走上了正轨，学生得以分批到兽医院进行临床实践。

该系除设有本科四年制外，还招收二年制专修科学生，另外还招收了研究生。从1940年以后，本科学生每个年级约20人，专修科学生每个年级亦10余人，每年学生在六七十人。

该系在川间，除进行教学活动外，教师和学生还开展畜牧兽医的科学研究，进行畜牧业考察，参加兽交防治，进行学术交流，编辑出版畜牧兽医书刊。这些活动对于促进当时四川的畜牧兽医事业发展起到了积极的良好作用。

（2）私立铭贤（农工商）学院畜牧系

铭贤学院是以美国欧柏林大学校友、国民党元老孔祥熙为首，1905年在山西太谷县筹办的一所教会学校。先从小学奠基，逐渐扩充为私立铭贤中学。1939年南迁至四川金堂县曾家寨，1940年在金堂县城北门外姚家渡成立，初名私立铭贤农工专科学校，同年10月更名为私立铭贤学院，分设农工商三科的四年制大学，院长贾炳邻。1946年又迁至成都东门外，1950年冬迁返山西太谷县原铭贤中学校址。部分师生调入四川大学农学院畜牧系。该院畜牧系在四川自1939年至1950年间，培养了一批优秀畜牧科技人员，为四川畜牧业的发展做出了一定的贡献。

---

② 顾谦吉：《中国的畜牧》，上海：商务印书馆，1939年，第69页。

（3）中央政治学校附属边疆学校畜牧兽医科

该校地址在重庆市南温泉。畜牧兽医科的学制为三年，学生的基础课在南温泉开设，二年级时学生在蓉借用四川农业改进血清厂房舍进行实习实训。相关畜牧兽医教学内容和要求，基本与中央大学畜牧兽专修科一致。担任教学与实习及诊疗指导之教师为盛彤笙、罗清生、陈之长、杨兴业（兼）、汤逸人等。先后毕业学生60人左右，主要在四川省从事边区畜牧兽医教育和科研工作。

（二）中级形式的畜牧兽医教育与人才培养学校

1. 国立松潘实用职业学校

该校成立于1938年，初名中国国民党执行委员会松理茂边区职业学校，1938年冬改属教育部，更名为"国立松潘中央实用职业学校"，后又改称为"国立松潘实用职业学校"。学校分为畜牧兽医科与卫生科两科。担任校长的先后有傅成镛、王建民、朱先煌、王德熙、王德煦、尤澜波、彭丰根、方君璧等。畜牧兽医科主任和专业教师有王化南、陆长明、文永祥、陈安群等。附近松潘绵羊改良场的技术人员亦多在此兼任教师。校中学生以畜收兽医科为多，每班人数在25~30人。学生来源以茂县、汶川及邻近县份为多，其他如乐山成都、重庆亦有人来校就读。学生学习既重理论，又重实验操作，有时还到校外绵羊改良场参观学习。学校设有牧场，养有马、牛、羊等供学生实习之用。图书室藏有专业书刊，亦有少量外文专业书籍。由于学校经费较充足，师资水平较高，对学生要求严格，培养出的学生都具有一定专业知识和技术水平，在生产实践中起了较好的作用。该校在解放前夕，因经费无着落，学生只剩二三十人。

2. 四川省立荣昌农业职业学校畜牧兽医科

该校前身是私立建华农业职业学校，由荣昌人杨虞笙、杨德辉父子集资创办，校长为杨德辉。1939年开始招收高等农业与初等农业两级学生。1941年起，才开始招收畜牧兽医科学生。1941年四川省府接办后，改称四川省立荣昌农业职业学校，校长为袁树声。设有畜收兽医科、农艺科、园艺科和初级农业班。新中国成立后经人民政府接管，改名川东行署荣昌高级农业职业学校。从20世纪30年代末至40年代初，先后在该校任专职和兼课教师的有：李本杰、朱曜、聂华棣、李焘、朱堂，唐正常等。学校当时设备简陋，除有少量专业图书外，饲养有少数猪只。学生实习时借助于附近施济桥陈家柯的中央备牧实验所血清厂，或到农村进行畜牧或兽医方面的实习。[①]该校从1941年至1949年每年招收畜牧兽医学生一班，先后共计9个班，毕业生达200余人，为四川省培养了一定数量、具有一定专业水平的中级畜牧兽医人才。他们在20世纪40年代的川康盐区的兽疫防治和新中国成立后防治川康流行的猪、牛瘟等疫病中，都起到了较大的作用。

（三）畜牧兽医训练班

除上述院校提供畜牧教育外，当时四川地方的一些科研部门也从事畜牧教育，培养畜牧人才，成为实施畜牧教育的另一渠道。其中，较重要的有四川家畜保育所和四川农业改进所等部门。

1. 四川家畜保有所及川农所畜牧兽医人员训练班

1936年秋，为培养四川农村基层畜牧技术人员，四川家畜保育所特

---

① 罗毅主编：《四川省畜牧志（1840～1990）》，成都：四川科技出版社，1998年，第129页。

增设练习生训练委员会，由其负责招收和培训有志于农村事业的高中毕业生。当年，家畜保育所公开招收高中毕业生20名，开办了第一期畜牧兽医专业培训班，学习时间为一年。随后保育所在1938年、1939年分别举办了第二期和第三期兽疫防治人员训练班，培养学生60名。三期学员学习期满考试合格者录用为技术助理、技术员，大多供职于畜牧场、实验区、种猪场等基层畜牧部门，从事良种推广和兽疫防治等工作。

1938年，四川省农业改进所畜牧兽医组成之后，基于储备人才推广事业的需要，分别于1939年、1940年、1942年、1943年开办了四期培训班，毕业学生300余名。

2. 私立铭贤学院附设畜牧兽医人员训练班

从1949年到1950年，私立铭贤学院畜牧系受四川农复会之委托，办理了两期兽医人员训练班，以便在复兴农村中进行兽疫调查、防治和推广良种畜禽的工作。第一期学员约50人，学习期限为三个月，第二期学员约25人，学习期为一年。第二期学员在1950年5月结业，大多数人员随即参加川康兽防工作，为防治当地流行的猪、牛疫起到一定作用。[1]

除上述的训练班外，抗战时期农林部劳动服务营在重庆办的兽医班；1947年农林部华西兽疫防治处在成都办的之兽防班；成都倒石桥之国民党三青团成都劳动服务营兽防班等，培养了一批中级或初级兽防人员。

3. 羊毛改进人员训练班

为造就改良羊毛生产事业之专门人才，1942年，农林部中央畜牧实验所与国立中央大学农学院畜牧兽医系合办羊毛改进人员训练班，招收

---

① 四川畜牧兽医学会：《四川畜牧兽医发展简史》，成都：四川科学技术出版社，1988年，第31页。

部分毕业于大专院校畜牧系（科）而又从事实际工作的人员进班培训，为期三个月。所授课程有羊毛学、羊毛贸易、中国羊毛生产概况、羊毛工业、绵羊疾病等。每周授课与实习共29小时。任课教师有汤逸人、张松荫、陈之长、罗清生、吴文安诸先生。

4. 高级畜牧人员训练班

训练班开办于1943年，由农林部命令中央畜牧实验所组织，班主任为农林部长兼任，副班主任为渔牧司程绍迥司长与中畜所蔡无忌所长。地址设荣昌县宝城寺内。训练班开办的目的"在于借美籍顾问费理朴（R. W. Phillips）博士来华设计考察之便，特邀其将家畜育种研究之新兴发展介绍于我国从业人员"。同时，因全国畜牧检讨会也在此召开，为此，会议期间另加畜牧课数种，分别由各专家讲授。由费理朴博士每周讲授家畜育种1小时，吴仲贤每周讲授生物统计4小时，张范村和许振英每周讲授畜牧事业2小时，李玉芳和吕高辉作分别开展学术讨论2小时等。训练期自1943年10月至12月，共计为期3个月。受训之学员26人，皆国内大专院校畜牧系毕业，而又从事畜牧科研或教学工作之中级人员，均由有关高等院校或机关申送参加受训。

三、四川畜牧兽医教育的形式

1. 畜牧兽医理论的传授

为培养畜牧兽医人才，畜牧教育内容以传授理论和提升技能为主。1903年清廷颁布的《奏定初等农工商业学堂章程》《奏定中等农工商业学堂章程》《奏定高等农工商业学堂章程》成为初等、中等、高等农业院校课程设置的依据。

初等农业学堂规定，"以教授农业最浅近之知识技能，使毕业后实能从事简易农业为宗旨"，为此，畜牧兽医科学生在三年间须学习生理药物及调剂法、蹄铁法及蹄病治法、内外科、寄生动物畜产、卫生、兽疫、产科、剖心法、实习等11门课程。

中等农业学堂之兽医科学生仍主修以上11门课程，但课程深度有所增加，已达成"以授农业所必须之知识技能，使将来实能从事农业为宗旨"。

高等农业学堂"以授高等农业学艺，使将来能经理公私农务产业，并可充农业学堂之教员、管理员为宗旨"，因而畜牧兽医学课程较为全面、系统。主要开设有畜产学、家禽饲养论、家禽管理实习、蹄病论、生理学等32门课程，分三年修完。但由于各类农业学校受师资的限制，课程的讲授多有所选择。直到抗战前夕，外省农业院校大量内迁，大批畜牧兽医学者云集四川，各农业学校通过互聘教师，畜牧兽医各课程才得以系统地开设。

2. 畜牧兽医能力的培养

各校向学生传授理论的同时，十分重视对学生实践能力的培养，大多建有实习基地。如四川大学农学院，建有狮子山畜牧场，修建了乳牛舍，引进了多类外来家畜，以供学生学习实践。西昌技艺专科学校在邛海之滨陈家祠设置简易家畜诊疗室，作为学生临床实习场所，同时该校还在泸山之麓设有小型牧场，饲养马、牛、羊、鸡等家养畜禽，供学生实习之用。[①]

而一些农业院校则联系在川的畜牧机构或畜牧公司，以其作为实习的基地。如华西协合大学借助与四川农改所的良好关系，定期派兽医系

---

① 四川省地方志编纂委员会：《四川省志·商检志》，成都：四川科学技术出版社，1996年，第174页。

学生到其下属血清厂、屠宰场、兽医院实习；四川省立荣昌农业职业学校利用地域之便，通过实习的方式积极参与保育所在当地的畜牧兽医工作，与保育所技术员一道下乡，对农户家畜开展巡回门诊，防治兽疫。

与此同时，各学校还把组织学生到各地农村进行农牧业调查作为实习的重要内容，以期了解四川畜牧的真实现状，从农牧民中获得最直接的实践经验，增长见识、提高水平。如西康农技专科学校主任焦龙华为使学员深入了解四川各地畜牧状况，多次组织学生对四川省之宁属地区农牧业发展状况进行考察，要求学生积极撰写有关宁属畜牧业概况的调查报告，记载该区域畜、禽的种类、数量、饲养管理的方式以及兽疫流行的情况。

3. 畜牧兽医知识的普及宣传

如何把畜牧兽医知识普及推广到广大农村，为民众所了解接受，并内化为自觉的行为是四川省畜牧部门及各院校面临的问题，也是四川畜牧教育是否成功的一个重要标志。但是，农民头脑中长期形成的固有习惯和某些错误的意识，使得农民接受科学的饲育技术并非易事，需要耐心细致地做好宣传、动员工作。通过实践的探索，各畜牧机构和农业院校形成一系列具有特色的畜牧知识普及、宣传形式。

（1）张贴标语、分发传单

标语传单是用通俗易懂、浅显易识的白话编成，内容形式切合农村需要，是劝农"增广识见"最好的方法。为此，各地畜牧机构和农业院校工作人员每到一场或一保，总是利用各种机会，张贴标语、分发传单，宣传畜牧兽医知识。

如荣昌农业职业学校，在江巴实验区，利用北碚每年端午节有数十万农民到嘉陵江江边观看龙舟比赛的机会，将标语张贴于北碚各十字路口，并组织北碚兼善中学的学生，先加以训练，然后三人一队分赴各处散发标语、传单；四川大学农学院，在成都、华阳两县，借助当地较为健全的保甲制度，通过保长或甲长，利用壮丁定期集合训练的机会，向人们分发传单；四川家畜保育所，在荣昌、隆昌两地，借助各场镇逢场日期，派遣工作人员各处张贴标语、分发传单。至于标语、传单的内容，大都以"三字经"的形式，通俗易懂地宣传畜牧知识，劝导农民理解、接受新式的畜牧兽医思想。[①]

（2）开办畜事讲习会

20世纪30年代，四川各地畜牧机构和农业院校还经常举办各种形式的农事讲习会，由技术人员分赴各乡镇、学校担任主讲，宣传有关畜牧兽医和公共卫生的知识，解答农民提出的各项疑问。例如，四川大学农学院、四川家畜保育所每年都在冬季农闲期轮流于四川各畜牧发达区举办畜事讲习会，由周邻各乡选送粗识文字的农户，分批到会听讲，会期3~7天，听众人数约数百人次。

畜事讲习会有多种形式：巴县、江津等地主要利用集市进行巡回演讲，通过演讲、幻灯、图片等方式，向农民宣传畜种改良、兽疫防治知识，启发、增进农民对新式畜牧业的兴趣与了解。荣隆两地在安富镇举办农事讲习会时，采取了白天演讲与晚上放映农业电影相结合的形式，吸引了众多的农户前往参加，人数最多时曾达数万人。成都、华阳，在定期下乡召集畜事讲习会的同时，还组织农户到农场参观外国良种，分发各种畜牧业科普读物，现场讲解演示防疫方法。

（3）举办畜产展览会

借助畜产展览会来倡导畜牧业改良，最早始于民国初年，兴盛于农

---

① 《四川家畜保育所成华实验区26年上半年工作计划》，四川家畜保育所档案，全宗：151；目录：1；卷号：138，四川省档案馆藏。

业复兴运动高涨的30年代。汪国兴在河北定县筹设的畜产展览会，因其设计科学，展品丰富，曾引起农商学界的关注。汪国兴主持四川保育所后，极力推崇这一宣传模式，要求各实验区收集优良的畜产，举办畜产展览会，使农民相互观摩比较，以求畜牧兽医之改进。

1936年10月，荣隆实验区家畜保育分所在安富镇举行首届畜产展览会，重点陈列实验区养猪场提供的中外种猪，并对每一品种的繁殖水平、饲料消耗量、产肉率高低、鬃质优劣，用图表逐一加以说明。同时，展览会上农民参展的热情甚高，一些农家纷纷把饲养的猪、兔、山羊、牛等畜产送往参展，通过展览和评选，择优给奖。畜产展览会的举办，有相当一部分产品来自农家，品种的优劣，由农民通过参观比较，不难判断。而参展获奖者往往出自农户所熟悉的村镇，其经验容易为其他农户接受和仿效。另外，通过参观，各种新品种、新技术、新知识，也给农民留下新鲜而深刻的印象，从而为日后新式畜种推广创造了条件。

（4）举办牲畜比赛会

举办家畜比赛会既是激发农户饲养家畜的热情，接受科学洗礼、接受畜牧兽医教育的一种重要形式，同时也是提高农民判断、遴选优异畜种的现场教育教学展示会。

1938年3月13日，四川农业大学与四川农改所决定在川东北养牛最盛的梓潼县举办首届耕牛比赛大会。赛前，组委会借用外东程家茶社举行展品预展，向各界人士说明耕牛比赛的意义，并鸣锣全城，欢迎人民踊跃参加。比赛期间共有319头耕牛，以黄牛、水牛的公、母、阉为标准进行分类，分为6组，进行了比赛。

随后，川北牛市集中地盐亭为奖励饲养优质耕牛，宣传防疫常识，利用该县每年庙会，买卖牛马最旺盛时期，由四川省防疫督导团和县政府在1938年5月19日举办该县第一届耕牛比赛会，157头耕牛参赛，到会观众2000余人。赛后县府决定该赛事每年举办1次，到1941年共举办4次耕牛比赛大会，约1500头牛参加了比赛。

养猪业是四川省最为兴旺的产业，随着牲畜比赛在省内的开展，1938年5月9日，四川首届养猪比赛会在内江县西门大洲霸举行。参赛畜主的旅费、津贴、猪只饲料费均由主办方——四川大学农学院和四川家畜保育所共同提供。

同时，对参赛获奖的猪只，不仅发给奖金鼓励，而且四川家畜保育所会高价购买，作为在四川普及推广的优良品种。比赛会举行当日，大洲霸赛场盛况空前，人们扶老携幼，冒着蒙蒙细雨，前来观看比赛，观看人数达3万人之多。[①]

赛后，四川省农改所鉴于该次养猪比赛会在畜牧宣传教育中的巨大影响，遂于同年10月制定了《四川省农改所养猪比赛会暂行办法》13条，以规范四川各猪只产区开展养猪比赛会。随后，内江、隆昌、荣昌三县农业推广所又于1939年10月、1940年1月、1940年11月分别举办了养猪比赛会。1947年璧山举行了家禽比赛会，参赛的家禽从过去单纯的猪只扩展到了牛、羊、马。[②]

（5）印发畜牧兽医科普读物

为介绍畜牧兽医知识，劝农增广识见，以推动畜牧事业的发展，各地畜牧机构和农业院校曾在不同时期编印、出版了多类畜牧兽医刊物以及浅显的普及读物，如中国西部科学院的《农林研究所丛刊》、四川

---

① 平富增：《内江养猪比赛会经过》，家畜保育所档案，全宗：151；目录：1；卷号：163，四川省档案馆藏。
② 程绍迴、蔡无忌主编：《中国近代畜牧兽医史料集》，北京：中国农业出版社，1992年，第143页。

中心农事实验场的《四川农业月刊》、四川大学农学院的《农学院院刊》、四川省家畜保育所的《畜牧兽医月刊》、四川省农改所的《川农所简报》等。其中，四川省家畜保育所出版的刊物影响较大。1936年8月，保育所成立编辑委员会，聘汪叔景为编辑，负责编辑本所有关月刊、不定期刊物及畜牧兽医浅说。同年9月1日《畜牧兽医月刊》创刊号正式公开出版发行，成为畜牧界人士探讨畜牧兽医知识的重要平台。同时，为满足农民大众化的需要，编辑委员会编写了《养猪浅说》《种用猪的饲喂和管理法》《怎样去选择种用猪》《畜舍卫生》《防除瘟症的方法》等浅说，用直白的语言向农民传授畜牧兽医知识，因浅说通俗易懂且大都免费分发，特受农户的欢迎。此外，保育所与成都市报《新新新闻》相联系，开辟家畜保育专栏，宣传畜产改良与疫病防治。

结　语

始于20世纪初的四川畜牧兽医教育是在清末"新政"背景下所进行的一种近代教育行为，是农业教育的重要组成部分。由于师资匮乏、资金短缺、科研设备简陋等因素的存在，畜牧兽医教育未能在全川各地全面展开，近代畜牧兽医技术亦较难普及偏僻农村，因而，对四川汪洋大海般的畜牧小农经济的影响还是有限的。但是，畜牧兽医教育的积极效果也非常明显。

首先，畜牧教育的开展使先进的西方畜牧兽医理论和技术在四川得以广泛传播，开启了四川畜牧业近代化的进程，在一定程度上改变了传统畜牧业在畜牧、兽医方面的弊端。

其次，畜牧教育的开展为近代四川培养了众多的畜牧兽医专业技术人才，为四川畜牧管理、畜疫防治机构的建立奠定了人力基础，同时也使有关畜牧业生产政策、措施的制定及实施成为可能，促进四川省内畜疫防治及畜牧业经济的恢复。

最后，畜牧教育推动了畜牧改良事业的兴起和开展，优化了四川落后的畜牧品种，提高了整个畜牧业生产水平，利用自然资源及人力资源，缩小与国外高产禽畜品种的差距。为将来的发展指明了方向，为现代化畜牧事业建设打下了基础。

第二节　四川畜牧研究机构设立及工作

四川是我国传统的畜牧大省，在清末民国四川农业经济发展的第三次高潮中，传统畜牧科技开始了近代化转型。在此承前启后过程中，四川省的一些畜牧研究机构扮演了重要的角色，发挥了重要的作用。

一、晚清时期畜牧兽医机构

清代由于军事需要，偏重马政。主管马政的兵部，设有专管军马的职官和兽医；而农牧业则由户部主管。由于户部主要以管理财税收入为主，对农牧业生产不予重视，实际无人管理。各省厅、道、府、州、县亦无专管农牧业生产的职官，基层县组织亦只有户籍税务主管人员。甲午战争后新学兴起，四川各地先后办起了许多新学堂。威远县率先办起了农会、农学会等，开始了农收业现代技术的研究推广。至光绪三十二年（1906）清王朝为挽救覆灭危局，施行新政。中央一级设立主管农工业的农工部；于各省设劝业道（管工商）、劝农道（管农收业）；各省的厅、州、县分设劝农员。于保定县设农会次年（1907）又订立农会章程23条。

各省仿效，省设农会总会，府、厅、州、县、乡设分农会。至宣统元年（1909）订定推广农业简章22条，并设农校、农事试验场，开办农林讲习班、所，讲述农林水利。四川的农牧业机构，省设劝农道，各厅、州、县设劝农员，各级农会也先后成立。

四川省农事试验场设于成都浆洗街（今四川农牧厅地址），农业专门学堂设于成都望江楼（今四川大学校址），至此四川省农牧业生产，行政事业机构初具雏形。但晚清的四川省农牧业机构虽有以上机构，工作并未真正得以展开，对畜牧业生产以及畜牧科技研究几乎无所作为。

二、辛亥革命至军阀混战时期的畜牧兽医机构

近代四川家畜新种引进与家禽改良试验机构的设立，始于民初农商部成立之时。当时农商部自澳大利亚运入大批美利奴种羊，分发各省。其中，四川省获得美利奴种羊约20头，四川省府由是成立地方农业试验场于成都，以美利奴羊与松潘绵羊进行杂交试验。首批引入的种畜因气候不适应，最后所存无几，但是试验场的设立，开了四川引进畜种、改良本地品种的先河。

1919年，西方人丁克生设华西大学牛棚于华西协和大学内，从荷兰购进奶牛6头，用来改良当地黄牛。

但随后的军阀混战，致使四川社会脱序、政无常轨，畜牧科技事业趋于停顿。进入20世纪30年代，随着四川省时局的稳定以及农村复兴运动的兴起，以生皮、羊毛和猪鬃等为主的畜产品，在出口贸易总额中跃居首位，畜牧改良的迫切性为学界和社会所认识。然而，受小农经济条件的限制，当时四川畜牧业，仍依循着传统的生产方式粗放发展，牲畜品种繁杂，血统混淆，优劣悬殊，而且育养技术，尤形卑劣。同时，兽疫流行，危害畜牧，每年损失，约数千万元。为此，一批从事畜牧改良研究的试验机构在重庆、广安、江津、北碚、成都等地先后出现。如：

1. 西部科学院农林研究所畜牧场

1930年，中国西部科学院农林研究所在北碚分水岭建养鸡场，由农学家刘雨农任场长，以意大利鸡与本地鸡杂交，选育优良品种，同时负责向各县分发推广良种禽畜以及培训练习生。

2. 中心农事实验场

1932年，省政府在重庆瓷器口设立中心农事实验场，开办费10万元，常年费用3万元，设畜产和兽医两科，以陈万聪技士为技术指导，引入纯种波中猪、布克猪，与四川荣昌猪进行杂交试验，改良本地猪只品种。

3. 四川平教会江津实验区农场

大约与中心农事实验场建立同期，江津县长高咏修，有感四川省农村之破产，以农业技师任百鹏为技术指导，筹划在四川江津白沙镇设立四川平教会江津实验区农场。农场设施费用除由县府补助外，还由地方绅商每年定期赞助5000元，场内繁育的种猪系由外省输入，配种推广范围则以当地为主。

4. 广安集中畜牧试验场

为当地防区驻军二十军（杨森）于1932年创办，由留美回国的农科毕业生谭万烈任场长，汪敷升担任技师，从平津、定县购得波中猪、瑞士乳羊等畜种回场，开展养殖和科研。第二年陈辞职，汪离去，试验场处于瘫痪状态。1936年结束，种畜移交四川省家畜保育所。

5. 四川省农亨试验场

地址浆洗街（现为武侯祠大街四川省农牧厅地址），占地约百亩，实际并未开展农收试验研究工作。于1935年移交四川省家畜保育所而告结束。

除上述官办的畜牧场之外，一些民间人士亦创办牧业企业，同时致力于畜牧科研。

1931年重庆人陈叔敬、陈敦川兄弟，集资5万元，以兽医技师王叔敏为技术顾问，在渝城小龙坎设立"重庆牛奶场"，引入纯种荷兰牛，从事奶牛的生产和杂交改良工作。

1934年，蓝田玉先生投资3万元，于重庆郊外化龙桥设"王森农场"，该场从外地引入瑞士乳羊、安哥拉种兔，开展饲育杂交试验。因饲育得法，"该场杂交乳羊出奶率高，品质尚佳，渐成商业化之趋势"。

以上公私畜牧改良机构和畜牧企业在20世纪30年代初期的出现，对传播西方先进畜牧科技、推动四川本地畜种改良发挥了重要作用。但应该看到，畜种的改良是一个长期过程，贵在研究的延续性，以上各场开办后，或经费紧张、设备匮乏，或主持人不得其人，一年数易，或畜牧技术人员缺乏，使得改良及推广的成效有限。

三、抗战前后四川畜牧兽医研究机构

（一）四川家畜保育所

1935年12月卢作孚出任四川建设厅长，针对畜牧机构存在的问题，认识到四川省畜牧科技事业要谋求新的发展，"唯有以政府力量整合全川畜牧兽医资源，筹设科研与行政合一的畜牧研究机构，使调查、引进、试验、表征、推广、防疫等项工作结为一体"，①遂指示建设厅拟具创设家畜保育所计划书，提交省政府。

1936年3月，省府第七十次省务会议决定，"破除成规，创造新制，筹设四川家畜保育所，由其主持全省畜牧兽医技术之改进工作，并将部

---

① 四川家畜保育所编印：《四川省家畜保育所近况概述》，1936年6月，油印本，四川省档案馆藏。

分原有的公立试验场及所属技术人员统归保育所"。同时发函委任中央实验所畜牧兽医系主任程绍迥博士及浙江大学畜牧学教授汪国兴为正副所长。①1936年3月14日，四川家畜保育所在成都南门外省农场挂牌成立，其宗旨为：

（1）改良品种，增高畜产价值。四川省畜产数量众多，猪、水牛、羊、骡马均居全国第一位，设使品种加以改良，既以猪种一端而论，如每猪之猪鬃及肉量增加1~2元之价值，则全川农民收入，每年当可增加2000万元。

（2）防治兽疫，减少牲畜死亡。四川猪牛频年因受瘟疫传染，死亡损失不下数千万元，设使畜养得法，防疫有方，即以猪瘟牛瘟损失而论，每年亦当减少数千万元。

（3）提高畜产品产量，发展对外贸易。四川省畜产品的出口量，常年价值在1000万元左右，其中尤猪鬃闻名国内外，数量最大，其他如牛皮、羊毛等出品，亦为欧美所需。如果牲畜品种改良，产量增加，兽疫减少，对外输出必益发达，抵塞漏卮，挽回利权，俾益于国民经济者甚大。

保育所成立后，根据上年9月程绍迥博士在上海拟定的组织条例，决定以四个月为初创期（1936年3月至1936年7月），完善机构与人事。创办之初，为求高效，内部组织暂设兽医、畜牧、事务三科。兽医科下设防疫股与研究股，以筹设家畜诊疗院为工作之重心，而以调查疫病种类及防治为次要工作；畜牧科下设种猪股、乳牛股、绵羊股、耕牛股、种鸡股、毛兔股，初期工作以牛、猪二者为改良对象，达到"改良固有品种及方法、倡新品种以增生利"的目的；事务科下设文书编译股、会计出纳股、庶务图书股。

---

① 《省厅开办家畜保育所初期计划拟定》，《新新新闻》，1936年3月4日。

四个月初创期结束后，随着工作范围的扩大，1936年8月，保育所依据新组织规程，除兽医科增加制造股，在成都组建血清制造厂外，还新设立实验区、编辑委员会、练习生训练委员会等机构，以健全和完善保育所组织。

1937年春，四川犍为、秀山、荣昌等地相继发生了大规模的牛瘟、猪瘟等兽疫，农民损失惨重。为强化疫病的防治，保育所遂在家畜发达的地方成立县、区家畜保育分所，配备疫情防疫员或报告员。同时在成渝两地分别组建了"牲畜检验处"，对运输中的家畜进行检验。

人事上，保育所本着"用人唯才、专家治所"的原则，延揽所需人才。保育所筹设之时，为求工作迅速收效起见，程绍迥拟请建设厅厅长卢作孚兼代保育所所长，后因卢作孚事务繁多，未能成行。随后，程、汪两所长以其在畜牧界的影响，各方接洽，聘请众多畜牧精英来川共事。至保育所成立时，已揽用专业的畜牧、兽医技正4人、技士6人、技佐10人。兽医、畜牧二科为技术部门，不仅两部门主任汪国兴教授（后为许振英教授）、熊大仕教授为著名畜牧专家，就是部门工作人员，也多是来自外省、从业多年、具有丰富的畜牧兽医经验的技士、技佐。①（见表2-1）

而事务科主任则由建设厅社会事业科主任，留美经济学硕士杨达璋担任；会计员及出纳员，拟请由省厅委派，以求全厅会计制度的统一；庶务员，以诚实可靠及熟悉本地商情者为合格。②编辑委员会则聘定贵州省府视察员兼全省公民训练委员会总干事汪叔景为编辑部主任，负责编辑月刊及一切不定期刊物。

---

① 《四川家畜保育所组织规程》，《畜牧兽医月刊》，《专载》，创刊号，1936年9月。
② 四川省家畜保育所作为人员试用、机构成立、划分等的指令，《四川家畜保育所档案》，全宗：151；目录：1；卷号：38。

表 2-1　四川家畜保育所畜牧部分技术人员履历表

姓　名	职　别	籍　贯	到职时间	资　历
程绍迥	所　长	四川黔江	1935.9	美国依阿华农工大学兽医博士；美国约翰斯·霍普金斯大学免疫学科学博士；实业部上海商品检验局兽医技正，任上海商品检验局血清制造所所长，实业部中央农业实验所兽医系主任兼技正
汪国兴	副所长	江西上饶	1935.9	美国普渡大学畜牧硕士；河北农学院教授；中华平民教育促进会副会长兼畜牧设计主持人；浙江大学农学院动物学系主任
熊大仕	兽医科主任	江西南昌	1936.7	美国依阿华农工大学兽医博士、动物学博士；南开大学动物系主任兼教授
许振英	畜牧科主任	山东武城	1936.10	美国威斯康星大学科学硕士，中央大学农学院教授，中央畜牧实验所技正，北京大学农学院教授
杨达璋	事务科主任	四川西充	1936.4	美国明尼苏达大学经济学硕士，财政部重庆铜元局工务科主任，四川建设厅社会事业科主任
焦龙华	荣隆实验区主任	江苏江阴	1936.4	浙江大学农学学士，河南省立农林学校教员兼技士
梁国正	成华实验区主任	河南彰德	1936.4	燕京大学农科毕业，中华平民教育促进会畜牧部技术员，实业部中央种畜场技士
余得仁	江巴实验区主任	四川荣昌	1936.5	日本东京农业大学毕业，四川省政府建设厅技士
彭忠信	犍乐实验区主任	四川资中	1936.5	实业部上海兽医专科学校毕业，实业部兽医防治所技术员，上海商品检验局牲畜检验技士
汪叔景	编辑委员会主任	江西上饶	1936.5	北平大学法学院法学学士，天津特别市政府秘书，江西省立农专校长

资料来源：《四川家畜保育所组织规程》，《畜牧兽医月刊》，创刊号，1936年9月。

四川省家畜保育所为了有步骤、有计划地繁育推广优良家备，防治家畜疫病，于1936年下半年同时分设了三峡、成华、荣隆、犍乐、南充等五个实验区。

（1）三峡实验区

四川省家畜保育所三峡实验区（原名江巴实验区），地址在北碚文星湾。主任焦龙华，副主任余圣仁，技术员二人。主要任务是推广繁殖荣昌白猪，防治兽疫传播。这个实验区的工作范围是在北碚乡村建设实验区所属的北碚、文星、黄角、夏溪等四个乡。得到平教会建设区支持，开展工作比较顺利。自1936年下半年成立至1939年的四年中，推广了荣昌白猪500头，开展了约克猪等良种公猪与当地母猪的杂交育种。据1949年统计，北碚区杂交猪达到2万余头，举办养猪展览会，奖励养猪能手，开展猪丹预防注射，效果较好，为以后重庆市培育"渝白猪"做了一定的基础工作。

（2）成华实验区

四川省家畜保育所成华实验区地址在原华阳县中和场。主任梁正国，副主任潘新权。工作任务是推广良种与防疫并重。曾用所内约克公猪与当地母猪杂交，杂种优势明显，很受当地农民欢迎。防疫工作采取实验区（预防注射与畜舍卫生结合）与表证区不作（预防注射只开展畜舍卫生）相结合的办法，效果较为理想，达到了预防传染病的目的。

（3）荣隆实验区

四川省家畜保育所荣隆实验区地址在荣昌安富镇。主任余得仁，副主任王谨之。附设有荣昌种猪场。实验区结束后交县农业推广所办理。主要任务是繁育荣隆白猪向外推广。

（4）犍乐实验区

四川省家畜保育所犍乐实验区地址在犍为五通桥；主任彭忠信；主要任务是防治犍乐盐场的牛瘟。

（5）南充实验区

四川省家畜保育所南充实验区因原计划设置的松潘实验区条件不具备，因而改在内地，主任余圣仁，工作进展不大即告结束。1938年家畜保育所合并于四川农业改进所时，除三峡实验区外，其余的实验区都已告结束，业务合并于县农业推广所。

四川省家畜保育所经过1935年一年时间的筹备，于1936年3月正式成立，至1938年9月合并于四川省农业改进所为止，开展工作仅两年多，但为四川现代畜牧兽医机构的建设技术人才的培养、开展调查研究和科学试验以及现代畜牧兽医技术的推广，做了大量有益的工作。

（二）四川省农业改进所畜牧兽医组

1938年9月1日，四川省政府为了便于统一管理，集中人力、物力支持抗战，将四川省建设厅下属之稻麦改进所、四川家畜保育所等9个农事机构合并，成立四川省农业改进所，四川家畜保育所改组为农业改进所下属之畜牧兽医组。农改所畜牧兽医组成立后，承接原四川家畜保育所的工作，迁往外东净居寺农改所内，由知名畜牧专家熊大仕教授负责实施相关工作。同时，基于防治牛瘟流行的需要，分别在内江、梓潼、涪陵建立了川南、川北、川东三个兽疫防治工作站。

此外，其直属机构在畜牧方面除所内直属畜牧场外，分布在外的单位有以下几家。

（1）四川省农业改进所松潘绵羊改良场

四川省农业改进所松潘绵羊改良场系由中央贸易委员会与四川省农改所合办。先后担任场长的有陈万聪等人。地址在距松潘县城50千米的黄胜关外。饲养有松潘绵羊1000只左右，引进了美利奴羊等良种羊。并设立茂县及阿坝两个分场，由熊得邻、李洪章分任。后熊、李分别离去，分场实际并未建立。

（2）四川省农业改进所内江种猪场

该养猪场1938年建于内江圣水寺东侧，系农改所与中央大学畜牧兽医系协作办理。场长和技术人员有戈福江、彭文和等。主要注重荣昌白猪与内江黑猪的选育和繁殖推广，进行过品种比较和饲养比较试验，指导当地农民对内江猪的选育工作；有不少研究报告在今天也有参考价值。

（3）四川省农业改进所三台白猪繁殖场

三台白猪繁殖场于1938年建于三台县城东南盘龙沟。耕地50亩、荒地500亩，以繁殖推广荣昌白猪、增加四川白猪出口为目的。曾做过荣昌白猪与三台黑猪杂交毛色遗传变异的研究。1942年改为"四川农业改进所三台分场"，增加了耕牛配种任务。同时又是农林部华西推广繁殖站的川北耕牛配种站。经常饲养荣昌母猪50~60头，荷兰种公牛1头，川北公黄牛10头，美国布里兰耶公、母羊6只，来航鸡100羽，安哥拉长毛兔50只，北京鸭50羽等。该场的主要任务是繁殖推广良种畜禽，为农民母牛配种耕牛和奶牛。先后担任场长的有姜绍渭、涂友仁、郭继贤等人。在此期间推广繁殖耕牛和奶牛成绩突出。据了解，该场川北黄公牛每年为农民配种黄牛、繁殖良种黄牛后代200~300头，至解放时大约繁殖耕牛1500头以上。

1938年四川省政府成立四川省农业改进所时，在该所成立了农业推广委员会，并发布了《四川省农业推广委员会组织规程》，明确"优良畜种、防疫血清、动物检疫、牲畜配种防疫"四项内容是畜牧兽医技术推广的主要工作，同时，要求各县、区按此规程的要求设立农业推广所，制定相关县、区农业推广所组织规程，以指导包括防疫在内的农事工作开展。

为强化防疫工作，1943年四川省农业改进所鉴于四川畜牧兽医事业机构基本上自成体系，而一个非独立性的畜牧兽医组实难统一领导，遂报经四川省建设厅批准，畜牧方面成立四川省农业改进所畜牧改良场，统一指导分布各地区的畜牧场；兽医方面则另成立四川省农业改进所兽疫防治督导团，统一督促指导全省兽疫防治工作。

四、四川畜牧兽医机构的主要工作

1. 开展畜牧调查，摸清四川省畜牧概况

（1）畜产品调查

猪鬃、牛皮、羊皮为四川省重要的出口商品，基于"提高畜产品产量，发展对外贸易"的需要，查清四川省畜产品之数量、品质及产区等情况，自然成为四川省畜牧机构所调查的重要内容。

调查发现：四川是全国产鬃第一大省，约占全国猪鬃产量的20.9%，全省156个县中几无一不产猪鬃，即便是地处高原，人烟稀少的甯属越巂、冕宁夷地，亦常见"夷人入春，常将未肥之猪，剪下其鬃，入市售之"[1]；白鬃产地以荣昌、隆昌等地所出为优，年均出口在3000担左右；黑猪鬃主要产于万县、巫山、奉节等川东地区，年均出口约14000担。

山羊皮主产于川东北等盆周山地，其中以沿嘉陵江流域所产为最佳，成都附近各县之羊皮，亦颇优良，全年出口300万张左右，销地以美、英、日等国为主。

四川省牛皮分黄牛及水牛皮两种，产地主要分布在成都、万县、嘉定、叙府等地，全川牛皮产量约1.6万担，就品质而论，成都、万县最好，重庆最劣。

---

① 中国国民经济研究所：《甯属八县之农牧》，《西南实业通讯》，第4卷第3期，1941年。

羊毛，四川省内地各地县，绵羊甚少，唯西昌、松潘、会理三地，牧羊甚多，全省羊毛几乎皆产于以上三地。全年产量大致为125万千克，但其品质较差，状如烂发，唯较他处所产羊毛略细。[①]

（2）畜种的调查

四川为我国传统畜牧大省，牲畜数量庞大、种类繁多。实业部中央农业试验所编制的《农情报告》（1936）对各省畜牧数量的统计，四川牲畜数量：猪、水牛居全国第一位；羊、鸡居全国第二位；而黄牛骡马鸭鹅等数量亦均可观。保育所成立后，对一些地区的调查，也证明四川家畜饲养极为普遍，畜牧大省名副其实（见表2-2）。

表2-2　北碚实验区270户农家饲养家畜概况调查表

	水牛	黄牛	猪	山羊	马	骡	鸡	鸭	鹅	兔	合计
北碚场	18	4	181	36	5	1	242	87	0	2	576
黄葛场	4	1	87	4	0	0	155	33	1	0	258
二岩场	32	3	73	23	0	0	134	23	0	0	288
澄江场	5	1	73	11	0	0	149	45	2	0	286
文星场	11	0	93	9	1	0	95	27	0	0	236
总计	70	9	507	83	6	11	775	215	3	2	1671
每家饲养平均数	0.25	0.03	1.97	0.30	0.02	0.004	2.87	0.79	0.01	0.007	
全区共有牲畜数	3119	374	24579	3743	249	49	35808	9856	125	87	77993

资料来源：梁国政《四川省家畜保育所实验区之原则及步骤》，《畜牧兽医月

---

① 徐守愚：《调查乐至山羊报告书》，《畜牧兽医月刊》，第2期，1936年9月。

刊》，创刊号，1936年9月。

（1）每家饲养牲畜平均数，是由调查270农家中计算得出。

（2）全区共有的牲畜数量，是以270农家，每家饲养家畜的平均数，乘以全区1247家而得。

同时，调查也发现，农家饲养的家畜中，尤以"猪"最为普遍，猪之品种及数量，则因地域的不同各有差异。川西平原一带，为水稻杂粮混产区域，农产丰富，人口稠密，农民重黑猪不重花猪，成华猪为该区域主要饲养品种，"被毛较稀，躯体四肢较短，全身圆滑，约若梭状"[①]为该种的特征。丘陵地带则以内江猪和荣昌白猪最具影响。川南内江、资阳一带农民好养"内江黑猪"，盖因区域"蔬菜酿酒、榨油制糖以及米房面房诸小工业比较发达，酒糟、糖渣等副产丰富，同时粪肥之需求，尤较殷切"，[②]因而农民养猪较多。而在川东之荣昌、隆昌一带，农民所饲养之猪多为"白猪"，该猪被毛，洁白光泽、刚韧、质优，平均长约3.5吋，一头猪产鬃可达300克，在鬃价高涨的背景下，"现今农人之所以喜养白猪，并不是别的，而是为着它一身的毛，到冬天可值几元钱。[③]四川盆周山地各县，毗邻黔滇西昌一带，因玉米、洋芋等山地作物甚多，山地居民所豢之猪，通渭"山猪"，此种"嘴尖善拱，鬃毛粗密，率赖牧饲，漫游山野，自觅粗食。迨成架子猪后，或就当地肥育，制成火腿运出；或由行贩赶运内地"。[④]而位于四川西北部的高寒带，农民则习惯养殖高原型猪，该猪外观上呈现头长嘴尖，耳小而锐，鬃毛硬

---

① 焦龙华：《四川猪的数额及其总值》，《建设周讯》，第3卷第11期，1937年11月。

② 许振英：《一年来对于四川养猪业之研究报告》，油印本，1938年，四川省档案馆藏。

③ 《荣隆内资六县调查报告》，《农业丛刊》，第18号，1937年5月。

④ 许振英：《成都市肥猪市场之调查报告》，油印本，1938年4月，四川省档案馆藏。

而长的特点，很明显，该猪种外观特征的形成在于其终年靠采食蕨、麻等高原植物为主，夷地高寒造成其生长缓慢，体形矮小。[①]

（3）家畜疫病的调查

家畜疾病的调查，是扑灭兽疫的前提。在四川省畜牧兽医机构中四川家畜保育所相关工作最为扎实。1936年4月11日，程绍迥、汪国兴两所长主持召开了畜牧兽医技术人员联席会议，讨论各项调查事宜，分配各员任务，设计疫病调查表格，强调调查应与宣传同步，造就振兴畜牧兽医事业之势。与此同时，四川省政府也对成立不久的四川省家畜保育所发出训令指示：要求其对"畜牧发达区域，应作极详尽之调查。举凡各试验区之畜牧兽医问题（如种畜、特种畜产品，医急疫病等），均应包含无遗，此项调查工作，限于本年底以前完成，调查结果应报厅备查"[②]。

但是，在近代中国农村环境下，开展调查并非易事，若无政治力量介入，工作难以开展，甚至会引发农民对调查的怀疑。保育所对华阳县畜牧兽医调查之前，"约集华阳县所属各区区长来所会议，就本所的使命及调查的目的予以了说明，并诚恳当地政府予以支持。同时，将调查事项签呈建厅转呈省府，请命华阳县府传饬所属协助进行工作"。

1936年4月到1937年9月，家畜保育所开展了四川主要畜牧区的疫病调查。调查发现：四川为全国家畜疫病流行最重、疫病数量最多的省份。

仅成都、华阳两县，"猪之疾病有21种，种类如猪瘟、火印、丹

---

① 李明扬：《四川宁属农牧调查报告》，油印本，1937年12月，四川省档案馆藏。

② 汪国兴：《调查隆昌猪种及重庆猪鬃牛皮出口贸易状况报告书》，《畜牧兽医月刊》，第2期，1936年9月。

毒、烂肠等；牛病有口蹄、炭疽疫、败血症、肺结核、霍乱等15种；鸡病5种，如鸡瘟、白痢等；鸭病则有软足症、鸭瘟等四种"。[①]如表2-3所示。

表2-3 成都、华阳县猪、牛部分疾病分类调查表

流行牛病			流行猪病		
名　称	症　状	流行期	名　称	症　状	流行期
烂肠瘟 牛瘟	下痢而带出如肠样之假膜口内溃疡	数年一次	猪瘟	高热稽留、食欲减退、皮肤黏膜	六、七月
烂舍癀 口蹄病	口内溃不食等	随时均有以署天为最多	猪丹毒	不食、呕吐，皮肤血红、水肿	六、七月
脱靴症	四肢叉溃烂、发热	随时均有以署天为最多	猪霍乱	皮肤出现大片蓝紫色斑点	六、七月
红尿症	下红尿	均为流行期	清水喉	鼻流少量黏液，	四季均有
炭疽疫 运铁癀	忽不食而发热	随时都有发生	猪痘	鼻黏膜和眼结膜潮红、肿胀	四季均有
肺癀 败血病	肺出血或肿大患畜四肢无力体弱体温增高	随时都有发生	猪烂肠	腹下发红、耳缘发紫	四季均有
四脚寒恶性加达性炎	四脚发战 不能站立 寒热不食	不　定	猪肺疫	口鼻流出泡沫食欲废绝	四季均有

资料来源：《成华两县畜牧兽疫报告书》，《畜牧兽医月刊》，第4期，1936年11月。

同时调查还发现，四川各种病症流行严重，死亡较他省为剧，在于

---

① 《成都华阳县畜牧兽医调查报告书》，《畜牧兽医月刊》，第4期，1936年11月。

四川省其流行时有如下特征：

一是四川省疫病种类繁多，传统疫病和新传入境的疫病互相交织，社会供求习惯之因果，辗转循环流行，并以各地饲养情形之不同，而形成普遍之死亡，瘟疫流行更趋严重；二是诸多疫病中，尤以猪丹毒、炭疽病、新城疫危害最大，死亡率分别达80%、90%、95%；三是畜禽疫病流行速度快、范围广、持续时间长，并且呈周期性爆发。如牛疫中的口蹄疫，传播速度极快，牧民有"一风吹"之说。瘟疫一旦爆发，很快蔓延开去；四是各种疫病相互交织，多疫并发，造成预防和诊治顾此失彼。

1938年前后，农业改进所下属之畜牧兽医组，以及战时入川的中央畜牧试验所、中央大学畜牧兽医系、金陵大学农学院，也在四川省各地采用农村调查、门诊和实验室检验相结合的方法，开展疫情调查，也大致得出相同的结论。

四川疫病泛滥流行的原因，从主观上讲，在于农民智识缺乏、习性保守、防疫意识淡薄，畜禽养殖不讲卫生，猪圈条件差，饲料不清洁，家畜粪便遍布街道村落成为常态。更有甚者，"当猪生病时，农民不是寻求治疗，而是立刻把猪背出去卖了；而在畜禽时役流行之时，将病死的家畜随意抛到野外或直接扔进河流、堰塘，更是当地普遍的做法"。①

其次，客观上讲，长期以来，政府疫病防治常识宣传的严重缺失，使得当疫病爆发时，农民无法正确应对，反而对近代疫病防治方法与技术存在误解与排斥。1936年6月，余得仁赴川南六县及川滇边境调查兽疫及购选优质种猪时，因县府未将省府协助吾人购种之指令转知各区联保，曾引起农民的恐慌，认为："调查兽疫、收买猪种，是与民争利，

---

① 焦龙华：《闲话烧酒房》（续），《畜牧兽医月刊》，第5期，1936年12月。

或有谓此后将大兴牲畜捐者，亦有谓自有生以来，只知养猪为农家事，未闻政府举而代庖，既知改进畜种、防治疫病，为农民谋福利，何不减征粮税一苏民困？不务其大，而图其小，美名促进生产，实则竭泽而渔"。① "对患病之猪注射血清，被看成是给猪打毒针，防疫兽医人员就是打毒针的人，即便免费对猪打针治疗，他们也会说：动了它，容易发痧，还是不打的好。"②因此，即便猪病盛行时，也拒绝请求兽医人员治疗。

有鉴于此，保育所在以后的调查中十分重视宣传，每到一地，调查人员就将成立本所的意义与本所之使命与工作告知农民，并诚恳当地政府予以支持。同时利用调查疫病与农民广泛接触的时机，向农户免费分发《畜舍卫生》《预防猪瘟猪霍乱的方法》等13种浅说，用直白的语言向农民传授防疫知识。

此外，调查发现，一些地方畜种"时生病害，对病疫的抵抗力极其羸弱"很大程度上在于畜种低劣，血统混淆。为改变这一现状，遴选优质畜种，提高家畜防病能力、扩大防疫宣传，成为保育所举办"畜种比赛会"的滥觞。1938年3月，保育所决定，在设有实验区及盛产猪只的地方，每年举行养猪比赛两次。同时，鉴于华阳实验区猪种低劣，时生病害，应在1938年以优良"内江公猪"代替全县"种脚猪"，以供给此推广材料起见，非再向外选购，故决定于5月在内江县举行养猪比赛会。

2. 建立健全防疫法规，加强防疫宣传，推动防疫制度化

家畜疫病在四川农村"无岁不发生，无岁不蔓延，常因一畜之死而

---

① 余得仁：《赴川南购选优质种猪经过报告》，《畜牧兽医月刊》，第2期，1936年10月。
② 焦龙华：《闲话烧酒房》（续），《畜牧兽医月刊》，第5期，1936年12月。

害及一群者，一隅之害而祸延全境者，其祸甚于洪水猛兽"①。

为形成系统的防疫体系，确保防疫事业制度化的推进，1936年四川家畜保育所成立后，率先颁布《省家畜保育所各实验区防疫暂行条例》《四川省家畜保育所与农村合作机关合作通则》《儿童家畜保育团组织规程》等，将牛瘟、炭疽、口蹄疫、猪丹毒、猪肺疫症等列为主要防疫对象。

《省家畜保育所各实验区防疫暂行条例》，对兽疫防治相关问题进行了明确规定，如关于兽疫报告员：发现家畜染病时，"应于12小时内，将家畜病状及治疗经过，向实验区报告，并指导农户对饲养家畜实施消毒、隔离及畜体处理。同时，暂行条例还制定了系列奖惩，若报告员防疫工作失职，将处5—20元之罚款"②。

对畜主则要求：兽疫发生时，畜主应服从实验区处主持人员之指挥施行消毒隔离及其他各项处置，其染病的家畜际器皿不准移动买卖或宰杀，不得在填埋处发掘病死之家畜。

为普及防疫知识和畜禽防疫法令，加大宣传力度，指导四川省家畜保育所推广委员会、儿童家畜保育团等机构有效开展工作，保育所还颁布《四川省家畜保育所与农村合作机关合作通则》《儿童家畜保育团组织规程》，要求这些机构在畜禽防疫方面的职责包括"答复各界人士询问之畜牧兽医问题，推广人才训练事宜，拟定推行畜牧兽医事业之各种法令"③。

---

③ 潘新权：《如何推动实验区内之防治兽疫工作》，《畜牧兽医月刊》，创刊号，1936年9月。
① 家畜保育所奖励兽疫报告员暂行办法》，四川家畜保育所档案，全宗：151；目录：1；卷号：182，四川省档案馆藏。
② 《四川省家畜保育所25年工作计划纲要》，《畜牧兽医月刊》，第2期，1936年10月。

为确保防疫高效实施，使畜禽防疫逐步走向法制化，省政府在四川家畜保育所等防疫机构制定的条例基础上，总结近年来四川省兽疫防治的经验教训，于1942年公布《兽疫防治防疫法》，修订、完善了一些原有的规定，进一步明确"发生疫情时，实施封锁，禁止流动，隔离消毒"的重要性，确立了"预防重于治疗，行政重于技术"这一防疫根本原则，宣传与疫病防控并重。

要让民众了解政府主导的防疫事业，观念上认同西方兽医科学在疫病防治方面的作用，摆脱对传统防疫方法的迷信，防疫宣传十分重要。四川省防疫机构克服人员的缺乏，利用赶场、庙会、端午行龙舟等，农民大量聚会的传统场合，开展宣传。

川北，春、秋、冬三季都要举办庙会，利用此时机，四川省防疫机构组织川北庙会防疫队，分赴梓潼、剑阁各庙会工作，凡到会牛只一律施行牛瘟预防注射，约防治牛只4000头；川东，北碚在每年端午节，都要在嘉陵江举行划龙舟比赛，防疫人员组织中学生，三人一组，向沿江两岸的数万看比赛的农民分发防疫传单，并张贴布告；川西，地方保甲制度健全，以其行政力量，邀请相关专家，向定期受训的壮丁、自卫队宣传、介绍家畜防疫。

3. 畜种改良与良种的推广

（1）畜种的改良

保育所成立时，鉴于四川养猪业发达，即以猪的"选育及饲养"研究为重点。1936年春，保育所集合波中猪、盘克夏、杜洛克等4个外国品种，江苏如皋猪、浙江金华猪、江西临川猪等13个省外品种，内江猪、荣隆猪、彭山猪等6个省内品种于成都畜牧场，在汪国兴（后由许振英）主持下，开展育种及饲养观察试验，比较各地所产母猪的繁殖力，仔猪存活率及杂交一代的生长速率、饲料消耗、猪鬃品质等。试验力求严谨，种畜的存留依其后裔的表现，经一段时间的筛选，发现以上品种大半不适作育种之母系，淘汰后，最终留下成华、内江、荣隆三个地方品种，作为杂交育种之母系。

改良试验发现："中外猪种之繁殖、增长与利用饲料效能以及胴体价值等，虽各有优劣，但本地猪之繁殖、哺乳、腹脂储存、耐饲料、适应性及抗病能力，则非洋种所能望其项背。外国猪平均日增重1斤左右，本地猪也有达此数者"[①]此结论改变了过去谈猪种改良，莫不以引进洋种或利用一代或改进纯化为途径，促成了猪种改良思路由"引进洋种改良土种"，转变到"从土种选育，就地改良"。

为做好土种选育，改进成华、内江、荣隆三个母系标本在育种试验中表现出"增重与繁殖能力较弱"（分娩时每窝尚不及9头，断奶时仅7.6头）的问题，民国二十七年（1938）秋，省政府下拨专款，责成保育所在内江圣水寺，筹设内江种猪场，在许振英主持下，开展研究工作。两年多的时间里，许振英以不同的种别，用不同的饲料及饲养方法进行了比较试验，对内江、荣隆母猪的交配、分娩、哺乳、饲料消耗和屠宰率等，分别进行了比较，鉴别其父母畜的遗传能力，对后裔进行了测验，依据测验所得的数据，提出了内江猪、荣隆猪的选育指标。

凡符合测定指标的母猪，即可充作种母猪，在改良饲料条件下，其产崽数（内江猪平均12.66头、荣隆猪12头）、仔猪断奶后的日增重（内江猪可达0.51千克，荣隆猪可达0.46千克）、育肥屠宰及猪鬃质量等，均有较大的提高。而波中、盘克夏等国外良种猪通过纯种繁殖和杂交畜种所培育的改良猪种，生长速度、产肉率虽然有一定的优势，但环境适应

---

① 许振英：《畜牧方面二年来之育种记录》（1936—1938），油印本，1939年5月，四川省档案馆藏。

性、疫病抵抗力较本地猪种差，并且杂交猪育肥后，肉的味道和猪鬃品质都有明显下降，不具备推广的价值。

（2）良种的推广

土种后裔数据的测定，以及选育指标的确立，奠定了推广工作的基础。1939年5月，省家畜保育所邀集有关各方共同组织家畜改进委员会，分别从技术、合作及贷款等方面，商讨推广之事宜，决定在养猪业发达的重点地区，建立黑猪与白猪推广工作站，向农户推广改良的黑、白种猪。内江猪场于1939年夏，以场部为中心推广内江黑猪，逐渐推及资阳、资中、简阳各县。与此同时，鉴于白色猪鬃在商销与易货贸易中价格高昂，成为国民政府换取外汇的重要来源，在荣隆以外区域，重点推广白猪，增加白鬃产量，为当局战时重要的举措。1937年12月，成都、温江等地，引入300头白猪进行繁殖推广，改变了当地习惯饲养质次价低黑猪的传统，仅猪种的改变，就使得农民在肉及鬃方面收益增加。

北碚三峡实验区亦从1936年7月开始，引进荣昌白猪进行纯繁，至1939年，在北碚5个乡镇集中推广的白猪，计北碚镇214头、黄桷镇56头、澄江镇105头、文星镇104头、二岩乡21头，共约500头。[①]此外，为保证推广猪种的纯洁，各乡镇的仔母猪建立良种登记，免费推广给领养户。同时，要求各多镇取缔脚猪户原有公猪，免费供给荣昌公猪，仔母猪在70千克、公猪在50千克以上，才允许配种。采取以上办法，荣昌白猪在北碚得以迅速推广。至1940年底，黄桷、文星的四个配种站共配种

---

① 《江巴实验区26年度工作计划纲要》，《四川家畜保育所档案》，全宗：151；目录：1；卷号：215，四川省档案馆藏。

885头次，育荣昌仔猪1198头。[1]

此外，为提高农民饲养积极性，保育所与农本局、农民银行、财政部财政部社会服务团合作，通过发放生产贷款和开展猪只保险业务，扶持优质种猪推广，提高农民饲养积极性。1937年，经济部农本局与四川家畜保育所合作试办家畜保险业务。其《办法草案》中规定"保险家畜暂以猪、耕牛为限，耕牛之保险区域暂定新都、广汉两县，而猪保险暂以新都为限。保险之程序以保作为单位予以实施，投保的猪须经家畜保育所之兽医检验开具合格证书方准投保，且需按其估值的5%缴纳一年保费"。[2]

4. 个案研究：家畜保育所实验区工作

家畜保育工作志在农村，在完成对主要畜牧区域的调查后，设立实验区，把畜牧、兽医事业推向农村基层，以达增加生产、减少死亡，成为保育所工作的重心。

1936年7月家畜保育所决定在华阳县中和场、荣昌安富镇、北碚文星湾、犍乐牛华溪等地，先行设立成华、荣隆、江巴、犍乐四个实验区，待条件成熟时，另在川北适当地点或松潘境内设置一区或若干实验县。[3]同年8月24日，实验区的组织及预算正式奉到省政府训命核准。按省政府任命，焦龙华、王谏之为荣隆实验区正副主任；梁国正、潘新权为成华实验区正副主任；余得仁为江巴实验区主任，负畜牧兽医之责；犍乐实验区因侧重于防疫，仅以彭忠信为该实验区主任。1937年4月，为更好发

② 焦龙华：《120天的江巴实验区》，《建设周讯》（家畜保育特辑），第1卷第4期，1937年。

① 《四川家畜保育所保险试办办法草案》，《四川家畜保育所档案》，全宗：151；目录：1；卷号：78，四川省档案馆藏。

② 《四川省家畜保育所25年工作计划纲要》，《畜牧兽医月刊》，第2期，1936年10月。

挥实验区推广工作，保育所修改实验区组织规程，更改原实验区名称，成华、荣隆、江巴、犍乐四个实验区分别更名为华阳、荣昌、三峡、乐山实验区，同时增设南充实验区、新都试验县。①

在畜牧方面，表证实验与表证推广是实验区工作的中心环节，其工作的原则步骤是将本所研究之佳良结果，如猪种、饲料、猪鬃，经实验区表证实验后，再普及推广于农民，以改良农民原有品种及防治疫病。②荣隆实验区于1937年3月引入盘克夏公猪10头，与四川荣昌母猪进行杂交表证实验，获得第一代改良猪，产肉率及饲料利用率均胜过当地猪种，但其肉质较为粗糙，猪鬃出现退化。③除种畜进行杂交改良表证实验外，各实验区还进行多项家畜饲育实验，从饲料的配合及数量、饲料的给予量及次数、饲料的种类及选择等方面来考察对猪发育的影响。成华实验区曾在牛皮菜、花生藤、洋芋藤等农家常用饲料中加入豆科植物及骨粉，结果发现使用添加饲料后，猪不仅生长较快，而且抗病能力也得以提高。江巴实验区在生熟饲料饲猪的比较实验中得出，同等数量一种饲料，例如玉米，粉碎加水后，直接喂猪，肥育效果比煮熟后饲猪更好，并且鬃毛品质更佳。④在表征试验的基础上，各实验区还在区域内周邻农村进行了不同程度的表证推广工作。表证推广的方法，是在宣传调查的基础上，一是选择有深刻之信仰心的农民，作为表证农家，用实验区表证实验后选择的良种公猪或母猪，免费与表证农家的家猪实行配种繁

---

③ 《四川家畜保育所1937.4—1938.6推广计划纲要》四川家畜保育所档案，全宗：151；目录：1；卷号：157，四川省档案馆藏。

① 梁国政：《四川省家畜保育所实验区之原则及步骤》，《畜牧兽医月刊》，《计划》，创刊号，1936年9月。

② 《四川省家畜保育所25年度九月份工作报告》，《畜牧兽医月刊》，《报告》，第2期，1936年10月。

③ 缪炎生：《家畜饲养上的几个重要原则》，《畜牧兽医月刊》，创刊号，1936年9月。

殖；二是直接向农家提供优良猪种，由其饲养与自行配种。如1937年，荣隆实验区颁行《免费给发种畜办法》，向农家配发种猪，规定凡农户只须找一保人就可领喂荣昌母猪，在领饲期间，饲养护理费用均由领饲户自行承担，仔猪第一窝归喂猪人，第二窝至第六窝，每窝交还仔猪一头，交还五头仔猪后，母猪与所有小猪全归领喂人所有。①

在兽医方面，实验区兽医工作重点是防范与治疗兽疫。围绕"预防重于治疗，行政重于技术"这一防疫根本原则，实验区以西方兽医科学为基础，采取了如下的措施，扑灭兽疫，减少生猪的死亡。

首先，保持畜舍卫生，坚持定期消毒。舍饲，因其利于粪肥之收集及猪之肥育，为四川农家采用的最为普遍饲猪方式。但舍饲空间狭小，光线昏暗，空气污秽，病菌极易繁殖，引发家畜疾病。实验区成立后，根据农民的实际情况，推行畜舍清洁卫生运动，劝说农户改良舍饲，在舍饲土墙开窗，使空气对流，减少兽疫发生的机会。例如，江巴实验区仅在1937年9月就饬泥工、木工在区域内改良猪舍65座、牛舍37座。同时，要求农户对舍饲要勤加扫洗，养成清洁畜舍的习惯。如果遇到瘟疫出现，除勤洗舍饲外，还必须用石灰或草灰混合开水浇淋。

其次，进行血清疫苗预防注射，防患于未然。扑灭兽疫的方法，首推注射血清预防液，使猪体内产生抵抗力，使传染病无从发生。关于实验区内生猪注射问题，从政府推动养猪业的发展而言，应该纯尽义务，不收费用，对实验区的生猪一律强制施行注射。但血清预防液的制造成本，颇不低廉，欲求农民于猪未发瘟前，出资施行预防注射，实无可能，而由保育所对实验区内所有生猪提供免费注射，因经费问题，也较

---

① 《四川省家畜保育所荣隆实验区领养母猪简要办法》，四川家畜保育所档案，全宗：151；目录：1；卷号：123，四川省档案馆藏。

困难。故实施预防注射的农户多为表证农家。如1937年江巴实验区文星湾、二岩场等地出现瘟疫，报时已有76头发病，实验区急派员到该区域的表证第七保、第八保，实施紧急预防注射，先后注射大小生猪492头。[①]经过这次防疫后，表证区域内几乎无传染病发生。

其三，开展对家畜的诊治。猪之疾病，多属流行性者，皆为病原细菌或显微镜不能窥见的毒物所致，故病症多为传染性。实验区成立后，诊治病猪成为兽医人员最为频繁的日常工作。他们不辞辛劳，无论白天或夜晚，深入养猪农家，尽其所能，帮助农家救助病猪。从1937年2月荣隆实验区兽医人员出诊的部分记录，可了解兽医人员为防止家畜死亡所作的努力。"十三日夜，荣昌安富镇第三十保罗民孝家猪突发恶疾，情况危急，兽医人员星夜诊治，服以镇静剂，并注射猪肺疫血清，结果当夜痊愈；十四日，至安富镇十七保叶红顺家，治病猪一头，其病系蛔虫过多，服以驱虫剂；十六日，安富镇属隆福寺六保黄朝志家，诊治慢性猪肺疫中架猪六头，内有一头其病状体温36-40，心跳100，呼吸困难，瘦弱不食，全身抽搐，口流痰沫，紧急注射大计量猪肺疫血清10cc。[②]而在成华实验区，依托保育所人才、技术及药品的优势，在对家畜的诊治更是不遗余力，仅在实验区成立之初的1936年10月，就诊治了142头各类病猪，其中87头得以治愈，死亡18头，有待观察37头，达到了预期的治疗效果。[③]在北碚、文星、二岩等地，1936年11月瘟疫突然流行，正在筹建的江巴实验区，在各项工作尚未准备就绪的条件下，迅速在该区域开展防疫救治工作，从11月24日起，到12月10日止，总共诊治病猪57头，

① 焦龙华：《120天的江巴实验区》，《建设周讯》（家畜保育特辑），第1卷第4期，1937年。

② 《二月中旬之家畜保育所调查》，《建设周讯》，创刊号，1937年。

③ 《十月份诊治兽病统计》，《畜牧兽医月刊》，第5期，1936年。

告愈者38头，无效死亡者12头，继续治疗者4头，余3头不详。^①

结　语

通过上文的分析，不难看出四川家畜保育所是近代四川畜牧科技发展的一个缩影。是在"农村复兴运动"的背景下所进行的一种农村经济建设行为，在四川近代畜牧业发展史上，占了重要的一页，奠定了畜牧科学化及家畜推广制度的基础。尤其在抗战时期，在经费、设施等不足的情况下，该所畜牧兽医人员，勤奋工作，在畜种改良与疫病防治上做出了一定的成就，适应了四川畜牧业发展的需要，是值得称道的。细加寻绎，不难发现保育所的几个特点：

其一，借助直属省府建设厅，行政不受其他机关之迁延，"科研与行政合一"，在各畜牧业兴盛地，均设示范实验区的特色，推动了"调查、引进、试验、表征、推广、防疫等多项工作的开展。在这样体制下的机关，畜牧业改良与推广，便有了可观的成绩。

其二，四川家畜保育所倡导的研究人员必须深入农家圈舍，与农民直接接触，以明了家畜生长的情况，理论与实践并重、为后世树立了诚笃务实、专程致知的研究精神。

其三，四川家畜保育的工作，不仅是静态的，也是动态的；不仅是理论的，也是实践的。所以，它不仅与各级、各省的畜牧机构、农业推广委员会有密切的联系；不仅与英美各国的畜牧业专家有所往来，也与

---

④ 焦龙华：《120天的江巴实验区》，《建设周讯》（家畜保育特辑），第1卷第4期，1937年。

国内公私大学农学院（金陵大学、四川大学、贤铭学院）定有不同的合作计划。

其四，四川家畜保育所历任的高级行政与技术人员，包括所长、副所长、主任、技正，以留美学者和国内知名大学师资为最多，故研究方法颇受美国的影响。其次，这些畜牧兽医专家，入职保育所前，均在国内畜牧兽医研究机构工作，实践经验极为丰富。此外，四川大学、浙江大学、燕京大学、同济大学的畜牧兽医专家，进入保育所兼职者也不乏其人。战时众多畜牧兽医人才，可以说集中于此。

另外，家畜保育所的特色，也并非毫无缺点。为满足战时需要，该所的工作项目与工作量，都逐渐增加，远非该所的人力和财力所能负担，经费的不足与拖欠，使得畜牧兽医工作的开展举步维艰，推广工作亦很难普及较为偏僻农村之中，效果不免打了折扣。同时，畜牧兽医工作中出现的技术无法解决的难题，在一定程度上导致了农牧民对保育所工作的不信任。

纵观这一时期，四川家畜保育所开展的工作，虽然在水平与客观效果上与现代畜牧改良科技存在较大的差距，但其发挥的客观历史作用却不容忽视，仍值得我们今天加以总结与借鉴。

第三章
近代四川养猪业改良与疾病防治

　　四川作为我国传统的养猪大省，随着四川家畜保育所、四川农业改进所等畜牧科研机构的建立，生猪品种改良事业和疫病防治工作在四川省亦得到迅速推进。在清末至民国四川农业经济发展的第三次高潮中，传统的四川养猪业开始了近代化的历程。在四川养猪业现代化历程中，猪种改良和疾病防治成为四川畜牧业发展的重要内容。

第一节　近代四川猪种改良与推广

一、四川猪种类别和改良问题

四川是我国传统畜牧大省，优越的自然地理环境，以及发达的种植业，使得四川省牲畜种类繁多、数量庞大。其中，生猪在全川牲畜中，不仅数量高居首位，而且在农家经济中具有举足轻重的作用。

根据《中国猪品种志》的科学分类，四川猪种大致可分为平原型、丘陵型、山地型和高原型等数种。

高原型猪，主要分布在海拔3000米以上的四川西北部。由于地高天寒，气候寒冷，人口稀疏，农垦条件差，使得高原猪外观上呈现"头长嘴尖，耳小而锐，体扁脚长，多为黑色，鬃毛长而硬，被毛下多绒毛，性粗暴，毛重不过七八十斤"。很明显，该猪种外观特征的形成在于夷地高寒，饲养期久。同时，特殊的自然环境，饲料有限，高原猪除偶而略补饲废茶、叶渣助其生长外，终年靠采食蕨、麻等高原植物为主，造成生长缓慢，繁殖力低下，个体较小。

平原型猪，主要分布在种植业最发达的川西平原，以黑色的成华猪最为典型。《成都通览》曰：成都重黑猪，不重花猪，反映了成华猪在平原地带的独特地位。此类猪原产于双流、郫县、温江等区县，分布于新都、金堂、广汉、什邡等地。由于可获得稳定而丰富的饲料，成华猪活动范围小，溷中养育已成习常，因而吻短而阔，体躯浑圆，状若梭状，四肢较短。由于该区域居民多喜食瘦肉，使得农民饲猪时间较短，被毛较稀，猪鬃品质较差，宰杀时，体重约150—180斤左右，鲜有逾200斤的。

丘陵型猪，主要分布在四川丘陵地带，以内江黑猪和荣昌白猪最具影响。内江猪，全身猪毛乌黑，原产于内江，历史上称为东乡猪，据出土的东汉陶猪考证，距今1800年前就已普遍饲养，产区位于盆地中部沱江流域的内江、资阳、乐至、简阳等县，该区域为四川制糖中心，糖房、漏棚林立，玉米、糖渣是最常用的饲料，故有"糖泡子猪"之称。特殊的生长环境，使得内江猪腹大易肥，行动迟笨，利用粗料之能力极强而催肥时之增长率极高，通常农家均喂到250—300斤以上，才准备出卖，而内江一带之甘蔗农家，每喜饲至400斤，概需15个月至2年，因而鬃毛粗长，光泽黑亮，鬃质较佳。"荣隆猪"为白色猪种，产区位于四川盆地东南部二十余县，中心乃在荣昌全县、隆昌东境。该地域内，农民历来对猪的毛色十分看重，因此，在饲料、饲养及选种、育种上较为讲究，如饲料以米糠、碎米、豌豆、酒糟为主，不喂玉米和糖渣；饲育时间较长，多为16个月；不以外来猪种为交配繁育的对象。因此，荣隆猪原始性保持较好，猪毛"洁白光泽、刚韧、质优，平均长约3.5吋，背部间有逾6吋者，一头猪产鬃200~300克，净毛率达90%。"[①]

山地型猪，主要分布在四川盆周山地，如川北的通江、南江、广元；川南的高县、筠连、长宁以及川东的云阳、巫山、黔江等县。这些地区土质不宜籼稻种植，而玉米、洋芋等山地作物则可正常生长，且适宜大规模地发展，直接地促进了盆周山地各县养猪业的发展。严如煜在《三省边防备览》中言：山中多包谷之家，取包谷喂猪。一户中喂猪十

---

① 许振英：《成都市肥猪市场之调查报告》，油印本，1938年4月，四川省档案馆藏。

余口，卖之客贩，或赶赴市集，猪至市集，盈千累万，运销外地。山地居民所豢之猪，通谓"山猪"，据说远在新石器时代就已开养，此种嘴尖善拱，腿长易走，率赖牧饲，漫游山野，自觅粗食，迨成架子猪后，再圈养肥育。这一独特的饲养方式，加之该地域气候寒冷，食料粗放，使得山猪鬃毛粗密，油黑光亮。

以上四类猪种可以说是数千年来，四川省养猪业在发展过程中培育的较为优良的代表性家猪品种，与四川省其他品种相比较，它们具有适应性强、耐粗饲、抗病力强、繁殖率高等特点。

然而这些猪种与国外纯种相比，存在着明显的品种不纯、品质低、生产效率不高、生长缓慢等缺点。

重庆开埠后，伴随城市的发展、畜产工业的兴起和对外贸易的扩大，四川养猪业所处的环境发生了前所未有的变化，开始被卷入世界资本主义经济体系之中。四川养猪业所面临的，一方面，既要为农业的发展、人口的增长，提供足够多的粪肥和食肉；另一方面，又要在猪鬃、猪肠、猪皮等畜产品贸易扩大的背景下，不断满足国外市场对猪肉及畜产品数量、质量的需求。

然而，当时四川养猪业，受小农经济条件的限制，仍循着传统的生产方式粗放发展，繁育、饲养及兽医等方面的技术至为落后，弊端甚多。

遗传育种方面，宣统三年（1911），省劝业道对四川家猪情形曾这样报告：

川省畜种，类多混杂，血统混淆，明显存在着品种不纯、繁殖低下的缺点。川民选种，只知注意毛色及身躯之大小，而不知注意其祖系渊源；只知在本地本群内选择，而不知向他处采购优种，以新其血液，且家猪繁殖时，任其自由交配，素不讲求以优良牲畜配种及改良品种，以故川省猪种退化严重。如四川荣隆白猪其繁殖能力较弱，每窝小猪仅为

10头左右，远不如繁殖能力强的江苏如皋猪（每窝15头）或英国约克县猪（每窝20头）；内江黑猪，"中身狭长，四肢粗大，膘层极厚，但其成熟极缓，且猪皮甚厚"。以上问题的出现，在于四川省猪只的遗传育种上存在较多的弊端。①

依据遗传繁殖理论：优良猪种的获得很大程度取决于交配公猪（脚猪）的品质及交配的次数，30头母猪应有公猪1头，公猪每天只能交配一次。但在四川省近亲交配为养猪事业见习之不良结果，四川省养猪区域，向不重视脚猪的饲养，"每一联保饲养脚猪数量多者5~6头，少者3~4头，用区区数头脚猪与联保内数百头母猪交配，致使在某一时期内，有不少为同父之猪仔，具有相同血统达到75%"②。同时，公猪交配次数频繁，一天交配次数达7~8次，养脚猪者（四川省习俗轻视脚猪饲养，唯赤贫无赖经营以糊其口）从不加限制，故母猪受孕率极低，子代身体之减弱，乃为其必然之结果。③此外，农村所用之公猪（脚猪），年达4月，即令交配，阉割囤肥。以公猪尚未成熟，其精子虽大但不健全，兼以交配过度，因此子代体弱而小。公猪交配，既嫌过早，同时农村积习，母猪也遭受同样命运，通常年达6月，即令交配，固有一岁一窝之惯例。母猪交配既早，窝数小乃其必然结果。故第一窝猪仔数只有2~3头，第二窝、第三窝稍有增加（约6~8头）。4岁至6岁大者，仔猪数达最高者，为12~13头。④

家畜的饲养，由于习染，皆守旧法，猪舍构建极为简陋，很多地

① 《荣隆内资六县调查报告》，《农业丛刊》，第18号，1937年。
② 四川家畜保育所荣隆实验区26年4月至27年6月推广计划》，四川家畜保育所档案，全宗：151；目录1；卷号：237，四川省档案馆藏。
③ 许振英：《一年来对于四川养猪业之研究报告》，油印本，1938年，四川省档案馆藏。
④ 程绍迥：《四川畜牧兽医史料》马思纯农业出版社，1985年，第86页。

方农民仅在平地上插上竹竿，上面覆竹麻或稻草，即为猪栖息的场所，猪只除早晚获得稀薄的饲料外，整天在垃圾堆、阴沟附近寻觅弃物。一些猪只敞饲的地区，生猪"风餐露宿"，四处闲走，随处便溺，因而在农村随处可见到家畜家禽的粪便。猪圈、厩舍设计弊端明显，多有门无窗，空气流通不畅，缺乏日光照射，甚至还与厕所相伴，致使家猪厩舍多阴湿、秽臭，空间则污秽弥漫，地下则尿粪狼藉，造成病菌繁殖引发猪只易滋生各种疾病。同时，农民对生猪饲料的选择和使用既不科学，从不懂加入食盐以及熟食喂养，对饲料中夹杂土、石等物，也不知清除，酿成牲畜因病死亡。

此外，传统的兽医技术对大多数流行性传染疫病缺乏有效的预防和治疗手段；而农民智识甚低，猪之瘟疫发生时，认为"瘟疫乃外来恶疾，只要在患病猪体显现的红斑上，用烙铁烧红后灼焦皮肤，刮去焦皮，这家猪就可以不死"。[1]同时，病猪买卖的习俗在一些地方普遍存在，得不到有效的制止，是故四川省每遇疫病发作，家猪损失尤大。同治九年，简州，豕身现方印，色红水肿，流口涎，发恶臭，数日即死。1908年，汉源，兽疫爆发时，全县3500头猪中，死亡1400余头，其他羊、马、鸡等死亡亦在1/5之上。1935年，川西、川北流行猪瘟，波及30余县。其中，广元一县，死于猪瘟者，达1万余头。据家畜保育所调查，自民国以来，每年家畜死于瘟疫者，猪约30%。

以上因素严重制约了四川省养猪业的发展，畜牧业生产长期在一个低水平上循环。为此，许多有识之士认识到要振兴畜牧业，必须借鉴西方先进的畜牧兽医方面技术，革除传统养猪业知识之弊端，养猪业改良刻不容缓。

---

① 黄世礼：《丹棱县家畜疾病之概况》，《四川畜牧兽医月刊》，第4期，1936年10月。

二、川猪改良与推广

1. 猪种选择

四川养猪业改良运动兴起，可以说是在清末"新政"的大背景下，受江苏、湖北、山东、直隶等开放较早沿海省份畜牧改良影响的结果。1897年，罗振玉在上海创办《农学报》撰文介绍国外畜养技术和优良畜种，主张引进美国波中猪、英国巴克夏猪、瑞士布克猪饲养。1898年两江总督刘坤一奏请设立农务学堂，聘洋人，分门教习畜牧诸法，培养畜牧人才。1901年，湖广总督张之洞鉴于"西法于土性，物质、种植、畜牧培养，以及行销衰旺情形，考核精详，确有实用"。建议"每县设劝农局，推广农学，凡农、果、桑、棉、畜牧等，择其与本地相宜者，种之养之，推广得力者给予一定的奖励"。[1]1906年，农工商部利用北京西直门外三贝子花园废址设立中央农事试验场，进行树艺、园艺、蚕丝、畜牧等试验。[2]

受此影响，1905年川督锡良为"握本富之纲，苏川民之困"，特设立含有畜牧职能的农政总局，倡导西方农牧科技，推动四川省农业、畜牧业改良。总局内设农田、蚕桑、树艺、畜牧四个部门，各县设农务局，各乡设公社，以稽考本属农事，各司改良之法。同年，因鉴于猪、羊、鸡、鸭之副业产品在外贸中获利尤厚，农政局要求各乡公社设劝牧所，以外洋的畜牧法，作为滋生、喂养之手段。同时规定，凡畜牧有成绩者，各劝牧所须将其事迹详细注明，送地方官转详总局奖励，对于隋

---

① 朱寿朋：《光绪朝东华录》（第4册），北京：中华书局，1958年，第4751页。

② 郭文韬编：《中国农业科技发展史略》，北京：中国国科学技术出版社，1990年，第455页。

农自安和官绅举办不力者则予以外罚。

随着政府的提倡，1908年周观察创立农务总会，各州、县设立分会，乡、镇、市集设分所，劝导农民日求进步，去习惯之弊，为集合之谋。各级农会成立后，派人调查四川畜牧的出产以及销售情况，按月填表登报，以促进改良；劝导绅商设各类畜禽养殖公司，同时提供豚栅、羊牢、鸡栖设计构建方面的说明书，以保证家禽饲养的科学性。

四川省对外国猪种的引进和改良始于19世纪30年代前后，当时重庆、成都两地的畜牧试验场及学校陆续引进了波中、巴克夏、大约克等良种猪。与四川本地猪种相比，巴克夏猪种早熟性强，易于催肥，适应性强；约克夏猪种肌肉发达，是腌肉型猪中体形最大的一种；而四川本地猪种大多发育缓慢，产肉少，且耗料大。如荣隆白猪"标样较佳，猪鬃独具特点，但其繁殖能力较弱，每窝小猪仅为10只左右，要增加其繁殖数量，必须对其改良，选择繁殖能力强的江苏如皋猪（每窝17只）或英国约克县猪（每窝20只）与之杂交，进行级进优种"；内江黑猪，"中身狭长，四肢粗大，膘层极厚，但其成熟极缓，且猪皮甚厚"。[①]

1932年，技士潭万烈鉴于川东土种猪血统、体质日渐退化，于广安创办广安集中畜牧实验场，从河北定县购入纯种波中猪，在从事纯种繁殖的同时，用波中猪与广安当地种猪进行杂交实验。

1933年，省府在重庆磁器口创办四川中心农事实验场，由河北定县、江苏南京分别购入纯种波中猪、布克猪，与四川荣昌猪进行杂交，获得第一代、第二代杂交猪。其中波中与猪荣昌猪杂交的第一代改良猪，肉质细嫩，产肉率高，得到民众相当程度的信仰。

---

① 四川家畜保育所编印：《四川省家畜保育所近况概述》，油印本，1936年6月，四川省档案馆藏。

1934年秋，农学家任百鹏在重庆化龙桥创办四川玉森农场，分别从河北定县、上海购入多头纯种波中猪和汉普夏猪，与在荣隆等地选购的猪进行杂交试验，杂交的第一代改良猪，肥育一年可达300斤，白鬃毛可收半斤，为当时较为成功的杂交猪。[1]

但改良过程中，各研究机构发现，通过纯种繁殖和杂交畜种所培育的改良猪种，生长速度、产肉率虽然有较大的提高，但在环境适应性、疫病抵抗力方面较本地猪种差，并且杂交猪育肥后，肉的味道和猪鬃品质都有明显下降。

有鉴于此，四川家畜保育所成立后，遂将改良的重点放在本地猪的繁育和饲养上。1936年春，保育所集合的波中猪、盘克夏、杜洛克等4个外国品种，江苏如皋猪、浙江金华猪、江西临川猪等13个省外品种，内江猪、荣隆猪、彭山猪等6个省内品种于成都畜牧场，在汪国兴（后由许振英）主持下，开展育种及饲养观察试验，比较各地所产母猪的繁殖力，仔猪存活率及杂交一代的生长速率、饲料消耗、猪鬃品质等。试验力求严谨，种畜的存留依其后裔的表现，经一段时间的筛选，发现以上品种大半不适于作育种之母系，淘汰后，最终留下成华、内江、荣隆三个地方品种，作为杂交育种之母系。

改良试验发现："中外猪种之繁殖、增长与利用饲料效能以及胴体价值等，虽各有优劣，但本地猪之繁殖、哺乳、腹脂储存、耐饲料、适应性及抗病能力，则非洋种所能望其项背。外国猪平均日增重1斤左右，本地猪也有达此数者。"[2]此结论改变了过去谈猪种改良，莫不以引进洋种或利用一代或改进纯化为途径，促成了猪种改良思路由"引进洋种改

---

① 任百鹏：《四川省公私畜牧场所概述》，《畜牧兽医月刊》，创刊号，1936年9月。

② 张肖梅编：《四川经济参考资料》，中国国民经济研究所，1939年，第345页。

良土种"，转变到"从土种选育，就地改良"。

为做好土种选育，改进成华、内江、荣隆三个母系标本在育种试验中表现出"增重与繁殖能力较弱"（分娩时每窝尚不及9头，断奶时仅7.6头）的问题，民国二十七年（1938）秋，省政府下拨专款，责成保育所在内江圣水寺，筹设内江种猪场，在许振英主持下，开展猪的育种与改良研究工作。两年多的时间里，许振英以不同的种别，用不同的饲料及饲养方法进行了比较试验，对内江、荣隆母猪的交配、分娩、哺乳、饲料消耗、和屠宰率等，分别进行了比较，鉴别其父母畜的遗传能力，对后裔进行了测验，依据测验所得的数据，提出了内江猪、荣隆猪的选育指标。

凡符合测定指标的母猪，即可充作种母猪，在改良饲料条件下，其产数（内江猪平均12.66头、荣隆猪12头）、仔猪断奶后的日增重（内江猪可达0.51公斤，荣隆猪可达0.46公斤）、肫肥屠宰及猪鬃质量等，均有较大的提高。而波中、盘克夏等国外良种猪通过纯种繁殖和杂交畜种所培育的改良猪种，生长速度、产肉率虽然有一定的优势，但在环境适应性、疫病抵抗力上较本地猪种差，并且杂交猪育肥后，肉的味道和猪鬃品质都有明显下降，不具备推广的价值。

为此，内江种猪场选育繁殖和杂交试验证明，相同的饲养条件下，荣昌、内江及成华三个地方猪种通过数代近亲交配而育成之新的纯种，无论在抗病性和产肉率，还是利用粗料的能力都较原土种有很大的提升，为四川优良的品种。种猪场不再以外国猪种为研究对象，而是选取适应性强的四川优质土种——内江黑猪和荣昌白猪开展纯种繁殖等工作。1942年四川省建设厅依据许振英撰写的《外国猪在四川之适应试验》以及《四川猪之观察》等报告，最终得出：外国猪并不适合于四川环境，且四川猪极为适合本地饲养，建议内江以东推广白猪，内江以西推广黑猪。

（2）饲料筛选

四川地域广阔，各地出产不尽相同，是故饲猪的主食自然有所侧重。江北、璧山两县，农民喂猪的饲料，有猪草、米糠、豆糠、苦蒿、树叶、糟子等；宁属各县，饲料之种类，以萝卜叶及洋芋藤、牛皮菜为主，不加粮食；成都、华阳两县，猪为杂食动物，所食之料甚多，据调查，可作饲料的物产有碎米、碎麦、玉米、麦子、苕叶、豆渣、芋茎、南瓜茎叶、粉渣及野生草类等14种；荣隆内资四县，养猪素以佃农为最多，养猪为主要副业，春夏两季喂胡豆糠，秋季喂黄豆糠、豆叶或红苕梗，冬季则多用高粱糟或米糠之类。

此外，地域之差异也导致饲料的不同，平原地带，水稻出产多，养猪的饲料主为碎米和米糠，次为豆类。丘陵地带，多用豆腐渣、玉米酒糟、高粱酒糟，辅以蚕豆叶、大豆叶。山区地带，玉米、红苕、洋芋、大麦等是最普遍的饲料，粗饲料以红苕藤为大宗。

当然，对猪只生长的不同阶段，所用饲料也有所区别。牵牵猪，因四肢赢弱，早晚的饲料需在潲水中补充一定的米糠；架子猪，兹后迄至加料催肥之阶段，乃待遇最劣增长最慢时期，是时主要饲料为潲水、猪草，苕糠、胡豆糠、红苕梗等之类，与少量米糠剩饭，混煮熟饲，每日上午9时与下午4时，各喂一次；催肥猪，初用粗料喂养，逐渐易以炖肥之浓料，如玉米、碎米、米糠，间亦添用油饼、花生饼，料均熟饲，每日两次，以食饱为度。①

虽然农民对猪只饲养可用的饲料知道甚多，但是，如何科学使用饲料，农民知之甚少。选择何种饲养？通过何种方式进行喂养？人们往往凭的是经验而非科学。鸦片战争后，随着西方饲养繁育技术的引入，科

---

① 许振英：《一年来四川养猪事业研究》，油印本，1938年，四川省档案馆藏。

学使用饲料逐渐为人们所重视。1903年清廷拟定的《奏定大学章程》中，农学、农化、兽医学科都列有家畜饲养论的课程。1905年《饲畜之秘诀》曾提到，应按时节，以变换其饲料，且增减其分量，为外国饲畜禽的要诀。

四川家畜保育所廖炎生教授经多年实验，在《家畜饲养上的几个重要原则》一文中认为：不同家禽品种，所需饲料也必须因之而异。饲料的选择，首先要合乎家禽的生理，以利于家禽易于消化或富于适合性和适口性，役用家禽需要的是碳水化合物和脂肪，而乳用家禽最需要的是蛋白质或矿物质；其次，家禽在生长过程中，忌单一饲料，饲料配合要多元化，因此，喂养时，应对家禽提供两种或两种以上配合的平衡饲料。[1]在饲料调制上，1936年，许振英通过实验证明，饲料蒸煮后对猪只生长并没有多大利益，除了富于淀粉以及不清洁的饲料外，宜采用磨碎或浸湿较佳。

（3）饲养管理

叶景癸《刍牧要诀》载："人谓猪性好秽，此大不然，猪当暑月辗转于污泥之内，乃其性畏热，以此冷其身，且以避蝇耳，观其寝处之地，必择美好洁净之处而后眠，然则猪实好洁之兽也"："畜猪之处，宜四面通气，干燥和暖而广阔为要，小猪尤以地方和暖为要"；"猪圈宜南向，以能避大热大冷为佳"；"潮湿冷冻之地，万不可养猪，犯之则猪生抽筋症或痢症"；"猪圈宜有地三所，其一睡所，其二食所，其三厕所，厕所在至低之地，睡所在至高之地"；"饮槽宜每日换清水两次；食槽食毕，宜洗净再添"；"酒糟养猪，最能长肉，惟肉不结实耳，然亦不能多喂"；"小猪断乳时，每十二时辰，须食五六次，每

---

① 廖炎生：《家畜饲养上的几个重要原则》，《畜牧兽医月刊》，第1期，1936年2月。

十日减一次，再七日又减一次，减至每日二次而止"；"凡欲使猪无病者，每数日内当以毛刷刷洗其身，则猪清净无病矣"；"喂猪须有一定时刻"："凡腐烂恶臭之物，不可与猪食"；"喂猪必常换物问之，不可专食一物，则能增其胃口，胃强则少病；喂猪不可令其过饱，食足而止"等①。这些基本上是对我国传统养猪技术的总结。

近代以来，四川省养猪规模、养猪密度、养猪时间较之过去有了较大的变化，传统的饲猪方式必须顺应这种变化而加以改进。四川省养猪方法可分为牧饲、半舍饲和舍饲三种。牧饲，该饲养方法只限于边远县份，如松、理、茂、汶、雷、马、屏等地。这些地方，地未全垦，草原遍野，牧场广大，具备牧饲的得天独厚条件。半舍饲，多出现在都市的近郊、市集、糖坊及酒厂周围，猪舍构建极为简陋，仅在平地上插上竹竿，上面覆竹麻或稻草，即为猪栖息的场所，猪只除早晚获得稀薄的饲料外，整天在垃圾堆、阴沟附近寻觅弃物。舍饲，因利于粪肥之收集及家畜之肥育，为农家普遍采用的饲养方式。

但是，农家采用舍饲饲养时，往往对饲育环境和饲养管理条件不太注意。绝大多数舍饲空间狭小、光线昏暗、空气污浊，成为病菌繁殖的场所，易引发各类家畜疾病。为防止和减少因舍饲修建不当引起的疾病，促进饲养管理，1931年四川中心农事试验场在修建家畜舍饲时，一改传统舍饲模式，所建畜舍注意光线充足、通风等。四川家畜保育所在荣昌实验区，派遣兽医人员深入农家，劝说农户改良舍饲，以向阳、干燥的避风地势为建造舍饲的条件，要求在舍饲土墙开窗，使空气对流，免除猪只感受乍寒或暴热之弊，仅1936年10月就饬泥工、木工在区域内

---

① 中国畜牧兽医学会：《中国近代畜牧兽医史料集》，北京：中国农业出版社，1992年，第136页。

改良猪舍82座。^①

（4）猪鬃改良

四川省出口的畜产品中，以猪鬃为大宗，为当时国民政府换取外汇的重要物资。如何通过生猪的改良，提升猪鬃品质，增加猪鬃数量，以高质量的猪鬃满足海外市场的需要，成为四川省畜牧研究机构改良生猪的一个目标取向。四川家畜保育所成立后，种猪股下设立猪鬃研究室，专事研究猪鬃问题。为比较各地种猪鬃毛的优劣，找出影响猪鬃生长的因素。从1936年7月开始，畜牧专家许振英教授在成都畜牧场，以荣昌猪、内江猪、宜宾猪、新繁猪、彭山猪、京华猪、波中猪、盘克县猪为研究对象，依据屠夫取鬃之法，在有猪鬃生长的猪身十二部位中（额、颈、颈下、肩、肩下、背、背下、腰、腰下、腰角、臀、臀下），各取平方市寸之面积，观察、记录该面积内猪鬃长度、宽度及密度的变化。经过近3年的比较研究，初步厘清了猪之种别、性别、营养、季节、年龄对猪鬃生长及品质的影响。

1）种别的影响

国外纯种的波中猪、巴克夏、盘克县猪均为腌肉型或脂肪型猪，早熟性强，易于催肥，但这些猪的鬃毛柔软，缺乏弹性，品质欠佳。而四川土种的猪鬃均较外国猪种为优，特别是荣昌猪、内江猪之鬃毛，从光泽、硬度、韧性而言，可称四川土种的上品。就猪鬃长度而言，外国纯种猪之全身猪鬃较为均匀，而本地土种差异较大，肩背二部最长，而额部、颈部最短。若以内江猪与荣昌猪相比较，内江鬃弱于荣昌鬃，前者之鬃短而疏，是其缺点，后者之鬃白色而富光泽，弹性最强。就猪鬃粗

---

① 许振英：《畜牧方面二年来之育种记录》（1936—1938），油印本，1939年5月，四川省档案馆藏。

细（宽度）而论，本地种之鬃较外国种为粗。且额、颈、肩、背部的鬃较腰、腰角、臀部之鬃为粗。就猪鬃生长疏密而论，则粗鬃较稀，细鬃较密，幼猪较密，成年者较稀，普通成年猪每方市寸约200根。一根之宽度，根端较粗，尖端较细。

2）性别的影响

一般而言，在同等的饲养环境条件下，抛开4月至7月猪脱毛时，猪鬃变化无序的影响，四川土种公猪的猪鬃长度生长情况优于母猪，宽度亦是如此。但令人费解的是，同窠喂养的国外猪种，相同时间内，母猪的猪鬃生长较公猪为佳，与四川土种公母猪的生长恰好相反。研究者对此难作合理解释，只是认为该现象或许是外国公猪体重远不及母猪体重之故。

3）营养的影响

民间传说，饲料成分对猪鬃影响较大，但如何影响，须通过试验确定。1938年，许振英教授把内江黑猪分为四组，每组五头，进行比较试验。试验中，第一组全喂米糠，第二组除浓料外米糠占75%，第三组米糠50%，第四组25%，同时观察各组的猪鬃生长。结果表明，猪鬃生长的长度和宽度，第一组皆逊于第四组，尤以宽度为甚。至于第二、三两组亦与第一、四两组各有不同。总之，猪鬃生长速率，似与所喂饲料中米糠所占百分数有成相反的趋势。这说明，对猪长期喂养单一食物，容易造成猪获得的营养单一，微量元素缺乏，不利于猪鬃生长，绝非饲料愈坏，猪鬃生长愈速。穷山深谷的猪，其鬃既长且密，并富光泽，远胜于霸子猪，实因山猪所获取的饲料种类较多。同时，山猪饲养时，养育的时间较长，而且圈养与牧养相结合。这些因素使得山猪的猪鬃较长。

4）季节、年龄对鬃质的影响

猪鬃以冬季所产为上品，夏季最劣。冬季气候寒冷，"为御寒计，故鬃毛特丰。年龄达一岁以上之猪，自三月份起即开始脱毛，普通多在五六月开始，鬃长日减，至七月方止"[1]。猪的脱毛过程须花三四个月才能结束。未脱之毛在夏季较脆，当猪身与他物磨擦时，容易将猪鬃尖端擦断或整根猪鬃擦脱，故夏季猪鬃亦较短，每方寸根数亦较少。旧鬃尤未落净，新鬃即已长出，猪身最常磨擦之处，其毛先脱，新鬃也先产生，其生长速度较原猪鬃为快，一月之间可达6厘米。年龄在一岁以内之猪虽不脱毛，但在六七月间因鬃较脆，猪身与他物摩擦，也使猪鬃变短。[2]

与此同时，保育所畜牧专家亦与四川大学农学院、中央大学农学院、中央农业实验所等机构密切合作，经多次育种杂交饲养试验，发现四川猪种极合本地饲育，其中荣昌白猪和内江黑猪为最优，能较好地兼顾肉与鬃的问题。国外猪种尽管生长快，产肉率高，但其鬃质差且养育不合四川环境，不适于在四川普及、推广。新繁、筠连等高原猪种，因特殊的环境，猪鬃品质一流，但因生长缓慢，产肉率低，更不可能在四川普及、推广。[3]

在以上认识基础上，1937年，四川保育所提出产肉率较高，且鬃质较佳的荣隆白猪和内江黑猪应为四川首选的饲养猪种。1939年3月，荣隆白猪和内江黑猪进入普及、推广阶段，依据区域自然地理环境，原则上，内江以西包括内江、资阳、资中、简阳四县为内江黑猪推广区，以获取优质黑鬃；内江以东包括隆昌、泸县、荣昌、合江、永川、璧山为

① 许振英：《养猪研究总报告》，《畜牧兽医月刊》，第2卷第3、4合期，1941年4月。

② 平富增：《内江养猪比赛会经过》，家畜保育所档案，全宗：151；目录：1；卷号：163，四川省档案馆藏。

③ 汪国兴：《视察荣隆、江巴实验区发现两个问题》，《新新新闻》，《家畜保育专栏》（第4期），1937年4月14日。

白鬃推广区，以获取优质白鬃。

2. 猪种推广

如何将优良猪种推广到广大农村，为民众所接受，是畜牧引种改良是否成功的一个标志。但是，农民思想中的固有习惯，使得农民接受优良猪种推广并非易事，需要改良机构宣传、动员，以及政府相关部门的政策扶持。其形式如下：

（1）举办养猪比赛会

举办养猪比赛会既是激发农户养猪热情、接受科学洗礼的一种重要形式，同时也是提高农民判断、遴选优劣畜种的现场教育展示会。为增加农民养猪兴趣，1938年四川省建设厅决定在四川主要养猪区域，如内江、隆昌、荣昌三县，假农闲之10月底及11月初开养猪比赛会。

1）内江养猪比赛会

内江养猪比赛会抗战期间举办过2次，第一次有家畜保育所在1938年5月9日于内江县西门大洲霸举行，此为四川首届养猪比赛。第二次有内江县农业推广所在1940年10月30日于内江县西门大洲霸举行。

第一次养猪比赛会在第二章已有叙述，不再重复，这里仅介绍内江第二次养猪比赛会。该比赛会原定30日举办，后因下雨改为11月8日举行。参加比赛的猪只共1035头，参观比赛的观众万余人，各机关团体俱赠送奖品，并邀请县长以及三科科长与各机关代表及有经济之士绅牙行参加评判，初行预选得较优者40余头，最终决赛得25头合格，由县长亲自给予奖品同时更鉴定公猪12头，各给予种猪证，许可繁殖。

2）隆昌养猪比赛会

1940年四川农业改进所在隆昌县南门外大操场举办养猪比赛会，参加民众7000余人，参赛的猪只，计公猪22头，成年母猪73头，仔母猪39头，架子猪71头，共计205头，当日下午开始比赛，3时给获奖者颁奖，7

时结束，生农改所技士郭继贤前往协助。

3）荣昌养猪比赛会

荣昌县农业推广所1940年11月7日在荣昌县城内南较场，举行养猪比赛会，参赛的猪只，计公猪12头，成年母猪58头，仔母猪29头，架子猪57头，共计156头。赛后获奖情况为：成年公猪第一名为王占五，奖励现金10元，布1匹，锄头1把；成年母猪第一名，奖励现金10元，布1匹，奖旗1面，锄头1把；仔母猪第一名，奖励现金5元，布1匹，锄头1把；架子猪第一名，奖励现金5元，布1匹，锄头1把。

4）璧山县家畜比赛

为推动璧山县家畜事业的发展，省农改所会同县农业推广机构于1947年2月8日，即农民节当日在璧山县辅导区开展猪牛比赛。有城区四乡的猪牛参加比赛。计参赛的猪41头、牛56头。对参加比赛的猪牛分组评判后，预防注射牛48头（牛瘟），除比赛猪牛前10名分别给予奖品外，成东南西北四乡农会，亦各得锦旗一面。

为免除农民参赛的损失，参赛畜主的旅费、津贴、饲料费均由主办方提供。同时，对获奖的猪只，不仅发给奖金鼓励，而且由四川家畜保育所高价购买以作为在四川普及推广的优良品种。

（2）开办养猪展览会

20世纪30年代，四川各地畜牧机构和农业院校还经常举办各种形式的家畜展览会，由技术人员分赴各乡镇、学校担任主讲，宣传有关畜牧兽医知识，解答农民提出的各项疑问。

四川家畜保育所三峡实验区养猪展览会于1938年"双十节"举行，是日天气晴朗，参观者5000余人，会场设在北碚民众体育场侧之河坝，占地540平方米，到场的猪只225头，会长卢子英、干事吴定域，评判委员张博和、黄子裳、焦龙华等，计收奖品实验区署毛巾150张，国立四川中学石猪槽一个，西部科学院法币10元，私立兼善中学法币5元，北碚新材筹备委员会法币10元，午后1时，开始评判，至3时结束，与会农民无不喜形于色。

四川农业改进所1939年4月11日在都江堰举行养猪展览会，展会当天，车水马龙，颇极一时之盛。就当时新闻报道"上午七时许展览室门外已拥集大批农民等候，七时半开门后，摩肩接踵，拥挤不堪，统计参观人数4万以上，下午一时川农所吴庚荣先生对观众进行猪只防疫知识介绍和防疫示范，当众表演防治猪瘟打血清针情形，极博农民好感，表演后即有请求防治猪病者"[①]。

（3）印发养猪科普读物

为将研究调查所得，公诸于世，供各界人士参考，推动猪种改良和猪鬃生产，保育所遂于1936年8月成立编辑委员会，聘定汪叔景为编辑，负责编述本所有关月刊、不定期刊物及多种畜牧兽医浅说，介绍畜牧兽医知识，用以劝农增广识见，推动四川猪种改良和猪鬃生产。9月1日《畜牧兽医月刊》创刊号正式公开出版发行，成为畜牧界人士探讨畜牧兽医知识的重要平台。同时，为满足农民大众化的需要，编辑委员会编写了《养猪浅说》《种用猪的饲喂和管理法》《怎样去选择种用猪》《肥用猪的饲喂和管理法》《畜舍卫生》《防除瘟症的方法》《预防猪瘟猪霍乱的方法》《预防猪瘟猪肺疫的方法》等浅说，用直白的语言向农民传授畜牧兽医知识，因浅说通俗易懂且大都免费分发，故特受农户的欢迎。

1937年3月，为扩大家畜保育所在四川的影响，真正推动全川的养猪运动，保育所与成都市报《新新新闻》联系，于3月24日起，每周开辟一

---

① 四川省畜牧局：《四川畜牧兽医资料集》，四川省畜牧局印，1990年，第267页。

次家畜保育专栏，倡导用西方科学进行畜产改良与疫病防治，推动优质猪种在四川的普及，发展畜产品贸易。[①]

（4）开办猪只保险及贷款

猪之疾病较多，饲养猪只风险较大，尤其是饲养新的品种，要提高农民养猪积极性、扩大生猪的饲养规模，需要对农民开展养猪保险业务，以应对养猪可能产生的损失。1937年，经济部农本局首与四川家畜保育所合作试办家畜保险业务。其《办法草案》中规定，"保险家畜暂以猪、耕牛为限，耕牛之保险区域暂定新都、广汉两县，而猪保险暂以新都为限。保险之程序以'保'作为单位予以实施，即农民向其所在的联保分社投保，各联保分社再向县联保总社转保，总社再向农本局转保。而投保的猪须经家畜保育所之兽医检验开具合格证书方准投保，且需按其估值的5%缴纳一年保费"。1938年四川家畜保育所并入四川农业改进所后，业务由四川农业改进所与经济部农本局、财政部等机构合作继办。

与此同时，猪只保险业务亦在一些条件成熟的农业实验区展开。1939年，三峡乡村建设实验区农业推广所在所辖的实验区成立家畜保险社，开展保险业务。家畜保险社制定了《保险章程》《保险细则》，规定"猪龄为四个月至三年的猪只方可投保，每只投保一年，交纳国币一角。家畜保险之赔偿限于猪之传染病及内外科疾病所致之死亡，赔偿金按家畜评定价值死亡时评定价值90%付给畜主"。按此保险办法，到1940年，北碚、黄角、文星、澄江四个保险分社共投保猪只1600多头，收取保险金额183200元。

---

① 《新新新闻》开辟的家畜保育专栏，始于1937年3月24，结束与1937年10月7日，共出刊29期，每期刊载3~6篇文章，共刊文章127篇。

在开办猪只保险业务同时，养猪贷款业务也在一些地方展开。1939年国民政府财政部服务团在隆昌发放生产贷款，办法规定："凡愿意养白猪的农民，只要邻居三人为之证明，即可以申借25元的猪本，作为购买仔猪和饲料的费用，还款可以一次或分期。"1940年四川省农改所公布了"各县推广所办理猪牛贷款及家畜保险须知"，规定了成都、内江、荣昌、隆昌、三台、梓潼等17个县可办理保险及贷款，而江津、南溪、犍为、德阳等49个县可办理贷款。正是以上举措，为下一步的推广工作提供了一定的保证。

（5）内江黑猪、荣昌白猪的推广

土种后裔数据的测定，以及选育指标的确立，奠定了推广工作的基础。1936年5月，省家畜保育所邀集有关各方共同组织家畜改进委员会，分别从技术、合作及贷款等方面，商讨推广之事宜，决定在养猪业发达的重点地区，建立黑猪与白猪推广工作站，向农户推广改良的黑、白种猪。推广所采用的方法，由省内家畜保育所、省农业改进所等试验场所，向农民直接提供良种，或者用农场的良种家畜与农户的家畜实行配种繁殖。通过这种方式，良种逐渐在一些县份开始饲养和繁殖。

内江猪场于1939年夏，以场部为中心推广内江黑猪，逐渐推及资阳、资中、简阳各县。

同时，鉴于白色猪鬃在商销与易货贸易中价格高昂，成为国民政府换取外汇的重要来源，在荣隆以外区域，重点推广白猪，增加白鬃产量，成为当局战时重要的举措。

1938年9月，农业改进所三峡白猪推广区，通过选送荣昌白色优质猪种，在北碚、文星、黄角、夏溪四个乡推广白猪，扩大白猪的饲养范围，引进荣昌白猪进行纯繁，至1939年，在北碚五个乡镇集中推广的白猪，计北碚镇214头、黄桷镇56头、澄江镇105头、文星镇104头、二岩乡

21头，共500余头。此外，为保证推广猪种的纯洁，各乡镇的仔母猪建立良种登记，免费推广给领养户。

同时，要求各镇取缔脚猪户原有公猪，免费供给荣昌公猪，仔母猪在70公斤、公猪在50公斤以上，才允许配种。采取以上办法，荣昌白猪在北碚得以迅速推广。至1940年底，黄桷、文星的四个配种站共配种885头次，育荣昌仔猪1198头。到1949年时，仅北碚一地就已有改良猪2万多头。

1937年12月，成都、温江等地，引入300头白猪进行繁殖推广，改变了当地习惯饲养质次价低黑猪的传统，仅猪种的改变，就使得农民在肉及鬃方面收益增加。此外，四川农业改进所还积极把四川优质荣昌白猪向省外推广。1939年1月，贵州农业改进所派员赴四川荣昌选购改良的白色种猪55头，运抵威宁，实行推广。到1944年，推广区域白威宁一县扩大至水城、贵筑、龙里、开阳、修文等县，繁殖白猪17000余头。

第二节　近代四川家猪疫病及其防控

一、四川猪只疫病及其调查

四川地处温带，自然条件优越，自古以来"六畜兴旺"，是我国西部农耕地区传统的养猪业大省。特别是近代以来，四川人口增加、对外贸易扩大，省内生猪养殖迅速发展，饲养数量大增。但随着养殖数量、密度增加，加之国外的一些畜禽"输入型"疫病如猪丹毒、猪肺疫，随着其猪种的引进而传到中国，在国内一些地方迅速传染流行。各类疫病在省内各地传染流行，使得省内生猪养殖业以及畜产品贸易遭受巨大的经济损失，部分动物疫病甚至传染给人群，造成疫病在人群中的传播与流行，引发严重的公共卫生安全问题，危及人的生命安全，对社会稳定造成巨大冲击。

面对此情形，传统的兽医传承与执业方式，对猪只疫病的传染、流行缺乏有效的预防和诊治手段，已经不能解决日趋严重的畜禽疫病传染与流行，是故四川省每遇疫病发作，猪只损失尤大。据一些文献与方志记载：丹棱县，同治乙丑（1865）、丙寅（1866）连岁大旱，畜大疫，民间猪只尽死，初染疫者，患处愤起，痕方如印，至今二十年未已，不知所由，民间遂因此致贫；简州，豕身现方印，色红水肿，流口涎，发恶臭，数日即死；雅州，"同治十二年（1873），猪疫起，豕身侧红痕，方如烙印，迄今民国阕亥元岁亦然。饲猪人间遭其烙，痛不可忍，急檫钻水乃见愈，移之治猪，仍无大效，致豕家颇受损失"[①]；"1909年，南江县'六畜'瘟疫猖獗，猪牛鸡鸭死者过半。猪病以猪瘟最凶，县属各乡镇均有燎原之疫势"[②]；1919年"川东秀山、涪陵、长寿县等地发生猪瘟，蔓延至重庆，引发川东各地畜主恐慌，发病病猪达70%"[③]；1932年，四川省动员委员会派驻广汉县督导员报告述称："松林乡、连山乡一带，猪瘟流行，渐及全境，城镇乡村皆有瘟猪肉出卖"。[④]

四川省牲畜疫病调查始于20世纪30年代中后期。四川家畜保育所成立后，将疫病调查及防治作为开展技术工作的中心。从1936年4月到1937年9月，保育所先后派出技术人员对四川主要畜牧区进行调查，撰写了一系列调查报告。调查报告表明，四川为全国家畜疫病流行最重的省份，各类疫病数量达百种之多。仅成都、华阳两县，就发现猪之疾病有21种，种类如猪瘟、火印、丹毒、猪霍乱、烂肠、肺疫等；牛病有口蹄、炭疽疫、霍乱等15种；鸡病5种，如鸡瘟、白痢等；鸭病则有软足症、鸭瘟等四种。

猪之疾病中，对养猪业造成的损失最多，危害最大的，主要有三种：一是猪丹毒，俗称"打火印"，民国二十五年（1936）9月在成都、华阳确诊；二是猪霍乱，俗称"烂肠瘟"，类似现在的猪瘟；三是猪肺疫，俗称"喉黄"，民国三十年（1941）在内江确诊。据南充实验区统计，三种疾病发生死亡率分别为20%、15%、10%。

---

① 四川省畜牧局：《四川畜牧兽医资料集》，四川畜牧局印，1990年，第123页。
② 潘新权：《如何推动实验区内之防治兽疫工作》，《畜牧兽医月刊》，创刊号，1936年9月。
③ 《家畜保育所奖励兽疫报告员暂行办法》，四川家畜保育所档案，全宗：151；目录：1；卷号：182，四川省档案馆藏。
④ 《四川省家畜保育所25年工作计划纲要》，《畜牧兽医月刊》，第2期，1936年10月。

此外，调查发现，疫病流行时间大多集中在每年的夏、秋两季，间或也有在春冬两季发生（见表3-1）。

表 3-1 成都、华阳县猪部分疾病分类调查表

名　称	症　状	流行期
猪　瘟	高热稽留、食欲减退、皮肤黏膜	6、7月
猪丹毒	不食、呕吐，皮肤血红、水肿	6、7月
猪霍乱	皮肤出现大片蓝紫色斑点	6、7月
清水喉	鼻流少量黏液	四季均有
猪　痘	鼻黏膜和眼结膜潮红、肿胀	四季均有
猪烂肠	腹下发红、耳缘发紫	四季均有
猪肺疫	口鼻流出泡沫食欲废绝	四季均有

二、主要猪病及其防控

（1）猪瘟及其防控

猪瘟俗名烂肠瘟，其流行区域甚广，为四川省危害最大的病疫。该病是由核糖核酸型猪瘟病毒引起的一种急性发热败血性传染病，发生时常有猪传染性肠炎并发，病之特征为血管变性，内脏器官出血、坏死或梗死。该病流行于世界各地，一年四季都可流行。据川农所报道：该病主要发生在川东地区，常并发猪传染性肠炎，而单纯的猪瘟较少。猪瘟发作时，患病猪只死亡甚快，猪群中最先死者均属最急性者。猪只若患此病，如不及时医治，死亡率在90%以上。防治猪瘟最有效办法是对猪只进行猪瘟血清、猪瘟病毒注射，使其具有免疫力。故身体健康的幼猪

注射血清及血毒后，可获得终身免疫力，但猪只在注射血清后，应减少饲养，即在一周内禁止饱食，同时加强猪只饲养环境的卫生管理。

（2）猪丹毒及其防控

猪丹毒俗称"打火印"，盖在慢性患病猪只的皮肤上显示红色方块，在四川省主要发生在都江堰流域，并多流行于夏季，至秋则逐渐减少，冬春则极其少见。该病危害极大，1936年川农所兽疫督导团统计，单就猪丹毒一病致全川猪只损失高达50万头。

此病为急性发热传染病，20—100斤猪只最易传染，死亡率10%~25%，不死而转成慢性或者以后生长不良者亦达10%~25%。猪丹毒由猪丹毒杆菌引发，原发地为美国，为输入性疫病。该病发生后演绎为败血性或慢性，其显之病状与猪瘟或其他猪病迥然不同。其症状主要表现为"行动僵硬，背部拱起，按摩其身体则有痛苦表示，体温高，精神萎顿，胃口不佳，皮肤发红且严重时显露坏死区，关节发炎，肝充血"。该病发生后2~3日内，如注射猪丹毒血清，则在24~48小时后，症状可减缓。

（3）猪肠炎及其防控

传染性肠炎常与猪瘟并发，该病为猪霍乱杆菌引起，一旦发生，猪群受害者较多。但其发生时不如猪瘟引人注意，病猪仍能饮食，精神并不十分萎顿，病初便秘，以后则有显著之腹泻，腹部皮肤发红，在病初数日内，死亡率最高。预防该病最好的办法是采取适当的饲养管理方法及注意卫生。对新购进的健康猪只可提前注射菌液，使之具有较强的免疫能力。对患病猪只，治疗方法较多，如"限制精料喂养，或换以乳品或用碱性之燕麦和大麦之混合物，亦可使用硫酸铜，加水喂养"。一般而言，猪只发病初期，如及时采取对其适当的治疗，病猪可以复原；但病至后期，则复原不易，如系败血症，则死亡甚速。

（4）猪肺疫及其防控

猪肺疫为出血性败血症，此病散发者居多，常常发生于气候骤变，或长途运输之后，晚近学者对此病之发生，见解不一。有认为此病系初发性者，有认为此病为继发性者。但人们普遍认为此病由巴斯德属细菌侵入血液而引起，该细菌多存于残羹之中，以之为饲料喂养猪只后，极易引发此病。1936年四川家畜保育所防疫人员曾出诊内江一大型家畜农场，发现：该农场饲养猪只1000余头，向以残羹为饲料，数日内倒毙者达200余头，该农场猪只都曾注射过猪瘟疫苗，解剖病猪发现并无猪瘟病变，检查血液时发现大量巴斯德属细菌，将其注射家兔，家兔翌晨而死。由此可断定病因为猪肺疫。

（5）猪之蛔虫及其防控

由于饲料和卫生原因，四川省猪只患有寄生虫病者甚多，如蛔虫、囊虫、胃圆虫、结虫、肺圆虫等，其中蛔虫最为常见。该虫寄生在小肠前段。虫数多少不一，多者为阻塞肠腔，影响消化，患者消瘦、贫血，甚至腹泻，生长停止，抗病力降低，故此病所致影响虽缓，但所造成的损失不小。治疗虽有特效药物，但价格昂贵，殊不经济，最好预防于发生之前，牧场轮植，经常变换饲料，实为防止此病最根本方法。

三、民国四川猪只疫病频发之原因分析

四川疫病泛滥流行的原因，从主观上讲，在于当时农民知识缺乏、习惯保守、防疫意识淡薄、畜禽养殖不讲卫生，猪圈条件差，饲料不清洁，家畜粪便遍布街道村落成为常态。更有甚者，"当猪生病时，农民不是寻求治疗，而是立刻把猪背出去卖了；而在畜禽时疫流行之时，将病死的家畜随意抛到野外或直接扔进河流、堰塘，更是当地普遍的做法"。

其次，客观上讲，长期以来，政府疫病防治常识宣传的严重缺失，使得当疫病爆发时，农民无以正确应对，反而对近代疫病防治方法与技术持误解与排斥态度。1936年6月，四川家畜保育所技士余得仁赴川南六县及川滇边境调查兽疫及购选优质种猪时，因县府未将省府协助吾人购种之指令转知各区联保，曾引起农民的恐慌，认为："调查兽疫、收买猪种，是与民争利，或有谓此后将大兴牲畜捐者，亦有谓自有生以来，只知养猪为农家事，未闻政府举而代庖，既知改进畜种、防治疫病，为农民谋福利，何不减征粮税以苏民困？不务其大，而图其小，美名促进生产，实则竭泽而渔。""对患病之猪注射血清，被看成是给猪打毒针，防疫兽医人员就是打毒针的人，即便免费对猪打针治疗，他们会说：动了它，容易发瘀，还是不打的好。"①因此，即便猪病盛行时，也拒绝请求兽医人员治疗。

有鉴于此，保育所在以后的调查中十分重视宣传，每到一地，调查人员就将成立本所的意义与本所之使命与工作告知农民，并诚请当地政府予以支持。同时利用调查疫病与农民广泛接触的时机，向农户免费分发《畜舍卫生》《预防猪瘟猪霍乱的方法》等13种浅说，用直白的语言向农民传授防疫知识。

此外，调查发现，一些地方畜种"时生病害，对病疫的抵抗力极其羸弱"很大程度上在于畜种低劣、血统混淆。为改变这一现状，遴选优质畜种，提高家畜防病能力，扩大防疫宣传"，成为保育所举办"畜种比赛会"的滥觞。1938年3月保育所决定，在设有实验区及盛产猪只的地方，每年举行养猪比赛两次。同时，鉴于华阳实验区猪种低劣，时生病害，应在1938年把全县"种脚猪"以优良"内江公猪"代替，以供给此

---

① 焦龙华：《闲话烧酒房》（续），《畜牧兽医月刊》，第5期，1936年12月。

推广材料起见，非再向外选购，故决定于5月在内江县举行养猪比赛会。

1938年5月9日，四川首届养猪比赛会在内江西门大洲霸如期举行，评判委员由陆为周、许振英等担任，共112头由农民自由选送的健壮猪只参加了比赛。参加比赛的猪分公猪、成年种用母猪、未成年种用母猪、架子猪、肥猪五组进行，每组各取前三名，奖金3元到10元不等。为鼓励农民参赛，保育所还规定了参赛之猪不论得奖与否，概由保育所按照猪之大小及路途远近发给津贴，金额5分至25分不等。比赛会举行当日，大洲霸赛场盛况空前，观看人数达5000人之多，其中3000人为农家子弟，他们是被养猪的兴趣吸引着来的。比赛结果，雷锡三、郑大兴、廖陈氏、廖民兴、陈放三等五人所饲猪只分获各猪组第一，领取了规定的奖金。[①]

通过这次比赛，农民看到了政府对优良公猪与母猪的重视，了解了政府改良畜种、防治疫病、增加生产的决心。

四、民国四川省生猪疫病防控体系及疫政实践

近代以来，西学东渐，西方一些先进的疫病防控理念及防控技术得到认可、接受，以"防、检、治"为主要手段的"家畜疫政"近代化历程在中国开启。相关政策法规、专业的疫病监管体系、制定疫病防控的流程、治疗药物研发、人才培养、防疫宣传等构成我国"家畜疫政"的重要内容。

1934年9月四川中心农业试验场在《四川之猪瘟》一文中提出了猪之疫病防治措施，即农家一方，注意改善环境和饲养管理条件，于每年猪

---

① 平富增：《内江养猪比赛会经过》，《家畜保育所档案》，全宗：151；目录：1；卷号：163，四川省档案馆藏。

瘟孕育发生之前施以预防注射，在未预防又无治疗血清时，对初患之猪宜早屠杀以绝病毒，将全部健康猪只、病圈严格消毒；政府一方宜设立防疫机构，并制造抗猪瘟血清，颁布防疫禁令规程，以为防疫之政令。四川省家畜保育所成立后，围绕"预防重于治疗，行政重于技术"这一防疫根本原则，积极开展疫病的防控。

1. 培养防疫专业人才

1936年7月，鉴于"防疫技术人才之不敷分配，与干部技术员之亟待训练"，四川家畜保育所依据新组织规程，成立了练习生训练委员会，负责招收和培训有志于农村畜牧兽医事业的青年，为期一年，授以防疫应有智识及实际经验后，派往各行政区负责各项技术工作。是年8月，练习生训练委员会登报招收第一届防疫训练班，考虑到防疫工作技术性较强而且须扎根于农村，要求报考者为"18岁以上28岁以下，体格强健，意忍苦耐劳，具有高中或旧制中学毕业且曾在社会服务一年以上的男性"。报名资格确立后，报名者还须经过党义、国文、英文、化学、生物、数学等六门学科考试，以及口试，各项测试达标合格后方能入学。

第一届防疫训练班报名考生共176人，初试及格者53人，经所长及各科主任口试后，正取20名，备取10~名。考生入学后，即按《练习生训练班训练办法纲要》，进行为期6个月的畜牧兽医理论学习，课程结束后，考核合格的学生将以5~6人一组，轮流派往犍乐、荣隆、华阳、江巴等四个实验区及本所各试验室、畜牧场进行3个月的实习训练。

1937年9月与1938年9月，家畜保育所又分别招收了第二届、第三届防疫训练班，培养学生50名。这些学员毕业后与第一届学员一样供职于畜牧场、实验区、种猪场等基层畜牧部门。

然而，四川农村区域广袤，区区数十名防疫人员在各地防疫工作中显得捉襟见肘。有鉴于此，立足于农村，就地培训业余防疫人员成为保育所实施防疫教育的另一途径。

民间业余防疫人员一般以小学教员、在校学生、农村壮丁为培训的对象。如华阳县中和场，以开训练班的形式，对小学教师进行分批轮训，授课时间畜牧7小时，兽医10小时；荣昌县富安镇，"每周星期三、五两日，由保育所派出专家到所属小学讲授畜牧兽医常识，时间一般为8小时"；江巴实验区北碚，"借助政府举办训练壮丁之际，与壮丁训练所合作，派专家宣讲防疫知识、开展防疫训练，日期为3日"。尽管以上防疫知识传授不够系统、专业、全面，但这种以民众为实施对象的防疫教育，提升了农村民众的防疫意识，在一定程度上弥补了农村防疫人员匮乏的局限。

2. 制定防疫法规，建立疫情报告制度

家畜疫病在四川农村"无岁不发生，无岁不蔓延"，常因一畜之死而害及一群者，一隅之害而祸延全境者，其祸甚于洪水猛兽。是故"预防疫病蔓延实为公众卫生中之重大业务"。省家畜保育所各实验区成立后，颁布了《省家畜保育所各实验区防疫暂行条例》，建立了疫情报告制度，对兽疫防治方法、规程及兽疫报告员职责进行了明确。兽疫报告的程序规定：报告员发现家畜染病时，应于12小时内，将家畜特殊或剧烈之病状，向本区报告；家畜死亡时，报告员应详细记录其患病及治疗经过情形，送本区备查；当地兽疫流行时，各报告员应指导农户对饲养家畜实施消毒、隔离及尸体处理。为督促报告员高效地工作，条例还制定了奖励、惩处方法，即"各报告员之工作成绩，每半年统计一次，优良者由本所各试验区会同当地行政机构酌发奖品"；报告人，"不报告、或报告不实、或妨害他人之报告者"，处5~20元之罚款。

3. 血清疫苗研制，开展预防注射，防治兽疫流行

长期以来，"喂中草药、刺穴通络、开痧放血、吹鼻取嚏"等传统

中医疗法在畜禽疫病救治中发挥了重要的作用。

然而，这种传统方式在面对突然而至的瘟疫时，无能为力，因它的药效相对而言比之西医注射慢得多。在瘟病疯狂蔓延之时，为尽快扑灭阻止其蔓延之势，缩小流行感染的区域，西医血清疫苗注射成为首选，是扑灭兽疫发生最有效的手段。

为有效控制牛瘟、炭疽、口蹄疫、猪丹毒、猪霍乱等兽疫流行时的猖獗，四川家畜保育所先后建设了成都第一血清制造厂、荣昌兽医生物药品制造室、秀山抗牛瘟血清制造厂，从事血清及其他预防育苗的生产，为各地提供急需的消灭牛瘟和防治其他兽疫生物药品。

1936年初，成都、华阳县境内猪只发生"打火印"，3月传播到简阳县，以后顺着成渝大路，传到内江、资阳、资中等地，造成上万猪只死亡。疫后，四川家畜保育所在成都、华阳、三台、内江、永川、江津等县，经对死畜进行病理解剖，确定该疫病为猪丹毒。为防范此疫病，成都第一血清制造厂在杨兴业主持下，开展了分离和鉴定"猪丹毒杆菌"试验，成功研制猪丹毒杆菌疫苗，经免疫试验，确有免疫力，但效果颇不稳定，养猪户不愿接受。是年夏天，经改进研制的弱毒活菌苗在对20余头患病猪只进行注射后，治疗效果明显。

试点试验取得成功后，1938年开始推行有计划的活菌苗及血清预防注射。先在温江、仁寿、绵竹、荣县四个县，用猪丹毒血清与活菌同时对823头猪只实施了预防射法，同时，用猪丹毒血清治愈病猪174头。在四川家畜保育所尽量供给下，1939年，防治猪丹毒扩大到14县，预防注射猪只2806头，治疗2106头，治愈率平均80%以上。

抗日时期，在四川的华西兽疫防治处、省农改所兽疫防治督导团、中央畜牧试验所、中央大学畜牧兽医系、金陵大学农学院、农产促进委员会等单位除积极参与四川畜禽传染病、寄生虫病等调查外，还有针对性地开展生物药品研制和生产兽药，并取得了一些成果。

如1937—1946年完成鸡瘟兔化疫苗试验，猪丹毒杆菌毒力试验，抗猪丹毒血清效力试验，出血性血病杆菌毒力试验，抗出血性败血症血清毒力试验，用肺制造牛瘟脏苗效力试验等，结束了向外购买疫苗的局面，及时阻断了部分兽疫的流行。

民国二十八年（1939），四川省农改所正式成立兽疫防治督导团，为进一步强化疫苗预防注射的重要性，要求有条件的地区每年必须在春秋疫病易发之际集中开展血清育苗预防注射。

按此要求，农改所相关防疫机构，通过乡间农会、保甲及合作社等机构，与农家约定注射日期、地点，对畜禽集中开展了血清育苗预防注射。民国二十九年（1940），在三台、大邑、温江、仁寿、绵竹、荣县等猪疫危害甚大的地区，巡回开展预防注射2134头，往年5月必流行的猪丹毒基本得到控制；民国三十年（1941），在德阳、成都、内江、荣昌等18个县集中预防注射家畜11429头，并在罗江、隆昌等6个县开展猪瘟紧急预防注射189头；民国三十二年（1943），以成都平原为中心，在14个县集中预防注射9107头；民国三十六年（1947），在川南宜宾、泸州、自贡、泸县等12个县集中注射耕牛4618头。

据四川省农改所民国三十七年（1948）"兽医股工作报告"的报道，民国二十七至三十七年共计防治生猪76743头，将可能爆发的疫病扼杀于萌芽状态，减少猪只的死亡，如按每头30元计可挽回经济损失2302290元。

从预防注射的地域看，从川内到川边都有覆盖，预防注射面是较大的，预防注射的效果较明显。1942年10—11月，省农改所派黄斗阳携带药品到四川南江县防治牛瘟、猪肺疫、猪丹毒，在成守、西北、华尖、土黄四乡镇开展防治工作，用去牛瘟苗4754立方厘米，预防牛471头。凡经预防注射牛只无一头染症死亡。唯以血清注射反应特大，以致农民稍有怀疑，猪瘟血清效力大，治愈者甚多。一般农民自愿接受注射，无须加以行政力量。

值得一提的是，当时的四川省政府鉴于农村颓败情形，在畜禽诊治方面大多数地区实施免费诊治。"今设立（试验区）之宗旨原为建设农村之初步工作，故对一般人民之牲畜发生疾病时来区诊治或作预防注射等，均不取费，此乃省政府鉴于农村破产始有此种措施。""贵署今知擂华镇联保鸣锣周知（于每场日鸣锣二次，共鸣三场）声明试验区之宗旨及诊疗预防概不收费情形。"①

五、经验教训及其启示

1936—1949年，四川的养猪防疫事业基本完成了从传统防疫向近代防疫的转变。这段时期的四川畜禽防疫已迈入了近代化的门槛。在近代化的道路上，既有值得肯定的地方，也有不足之处，对于今天而言，都有值得借鉴的地方。由此，这一时期的社会防疫对策对于我们今天的畜禽防疫有着有益的启示。

第一，国家的经济发展是畜禽防疫事业发展健全的物质基础。畜禽防疫知识的普及、畜禽疫病的研究、防疫设备的改善必须以国家的经济发展状况为前提。畜禽防疫经费的匮乏成为阻碍四川畜禽防疫事业的事实证明，国家经济的发展是畜禽防疫事业顺利开展的根本基础。

第二，畜禽防疫事业是一项社会公共事业，政府在这项公共事业中

---

① 四川省甘孜州地方志编纂委员会：《甘孜州.农业志》，四川人民出版社，1997年，第1069页。

起着举足轻重的作用，应加强对畜禽防疫事业建设的重视。畜禽防疫是具有社会性的事业，应该主要由政府来做。政府在畜禽防疫事业中应在宏观调控和积极干预公共事业中起到关键性的作用。没有政府的宏观调控，单靠单一的畜禽防疫机构，是不可能建立起一个完善的畜禽防疫体系的。

第三，畜禽防疫问题涉及社会生活的方方面面，它不仅仅是一个单纯的技术问题，还是涉及政府、民间兽医、民众、乡绅等社会各个阶层的社会问题。因此，仅仅从技术层面去开展工作是行不通的，单靠政府也是不行的，必须要有民间兽医、民众、乡绅等的共同参与。当然这种参与不是机械的，而是政府、民间相互协同、合作，从而形成一个有机的系统。民国时期的四川防疫档案中，相关弊端的记载为数较多。畜禽防疫机构在推行防疫工作时，遇到了很多阻碍。"农民对防治工作根本无认识"，而当时的政府防疫人员在下乡推行畜禽防疫工作时，为了能取得农民的信任和支持，在宣传方面不遗余力。尽管做了大量的工作，仍然未能与农民达成一致，也缺乏与农民沟通的能力。"防治人员每到一地为使工作顺利起见，常有过事宣传之弊，一曰：一针血清值数百元，曰：打一针、不得瘟。"①这样的宣传，虽说宣传政府德政，但言过其实，农民未必置信。至于后者，农民听后欣然前往，但注射之后死亡仍多。这无疑加深了农民同防疫人员间的隔膜。防疫工作亦未受到当地政府的支持，当时的有关人员访查了几位县长，对方均说："我的事很忙，一天忙到晚，光是粮政兵役都办不完，至于农业推广所的工作，我简直无暇过问，干脆一点说，现在各县农业推广所大多办得没有成绩，

---

① 余得仁：《赴川南购选优质种猪经过报告》，《畜牧兽医月刊》，第2期，1936年10月。

与其花费了些钱，安插了些人，做不出成绩来，不如把他撤了算了。"①
如此情形下，当地政府不可能集中精力推广畜禽防疫事业。因此，充分
调动民众，积极寻求各种社会力量的参与与支持是推动畜禽防疫事业不
可或缺的因素。

第四，畜禽防疫工作防重于治。民国时期的畜禽疫病防治总体上说
来仍是治重于防，甚至于标本皆不能治。畜禽防疫，需在标本皆治的同
时，防重于治。所谓"治标"，即在疫灾出现以后进行赈灾救济、安抚
难民，帮助其重建家园，恢复生产。而"治本"则是指在疫灾发生之前
就予以充分重视、积极预防，做到未雨绸缪，如此这般方能将灾害所带
来的损失降到最低。因而，这需要加强国民卫生习惯，这样更有利于从
根本上预防畜禽疫病。

第五，加强畜禽防疫管理机构建设和防疫人才事业的培养，以有
效地推动畜禽防疫事业的发展。民国时期的专业防疫机构——四川家畜
保育所成立以前，有关畜禽防疫职能部门都是其他部门的从属部门，管
理人员少，工作职责不清，工作效率低。四川家畜保育所成立后，有了
专业的畜禽防疫部门，行政效率较以前有了较大的提高，工作也更为有
效。此外，畜禽防疫事业是一项专门性、技能性很强的职业，它的管理
需要的是专门的技术人才。四川家畜保育所、四川农业改进所之所以能
在当时的社会背景下，取得一些成就，与所里任职的畜禽防疫学专家，
如程绍迪博士、熊大仕博士、陈之长博士等是分不开的。可见，畜禽防
疫事业的发展与人才的培养是分不开的。最后，在推行防疫事业的过程
中，应由点及面。先发展示范区，突出窗口的作用，然后在示范的作用
下将防疫事业推及全川。

---

① 李永：《农业推广》，《川西农民》，第1卷第8期，1935年6月。

第四章
近代四川畜产品开发与对外贸易

　　清末民初是四川养猪业发展和畜产品开发的重要历史阶段。在此期间，四川畜产品开发无论深度或广度均呈现空前的发展势头，其成效十分显著。西力东渐引发的区域开放，首先促成猪鬃、猪肠、羊皮、牛皮等外向型产业的出现，并使其在四川经济社会中的地位日益提高。生猪饲养，这一农村古老的自给性副业，在城市发展、工业兴起和对外贸易扩大的背景下，商品化程度越来越高，猪之油、肉、肠、火腿、猪鬃皆为贸易性商品，其中尤以猪鬃商品价值最高，宰猪一头可采鬃3～4市两，平均每头猪的鬃价可达全猪价值的1/8～1/10。[①]

　　纵观四川省养猪业发展，对猪之畜产品的开发，主要以猪鬃为主，按开发主体和开发时间的不同，大致分为如下五个阶段。

---

① 彭泽益：《中国近代手工业史资料》（第2卷），北京：中华书局，1964年，385页。

第一节　洋行对猪鬃产业的影响

四川猪鬃输出始于清咸丰时期。时有"广帮"商人来渝经商，见生鬃货源丰富，遂在重庆古冈、广南、顺德三家客栈设点收购修劲而佳良之白鬃。他们初步将所收鬃毛排成"瓦形"散装，用花篮装运至广东，再由该地梳房梳成洋庄，运销出国。此举开了四川猪鬃外贸之先河，渝市出现了一批奔赴四乡专为"广帮"收购猪鬃的小贩，他们在各乡收零成趸运至"广帮"所居之客栈，完成交易。当时，由于买家稀少，猪鬃小贩的货品全靠"广帮"客商出手收购，别无其他销路。

19世纪70年代，上海取代广州成为中国对外贸易中心，各地货物汇集上海转而外销。因此，川省猪鬃的运销地点亦部分由广州改至上海。在此背景下，清光绪十年（1884）左右，汉口客商"振记"字号来渝购买生鬃，仿广东制货办法，制成洋庄，销与美、日。重庆贩运商秦有成、刘海山二人，见外埠客商经营猪鬃均能获利，于是二人分别集资经营猪鬃。在渝市以百斤20余两白银的价格收购生猪鬃，运至粤省销售。数年后，各获利达数万元，一时震动全业。

在此带动下，荣昌行商唐有光、陈楷荣效仿秦刘二人，亦在荣昌大量收购白鬃，运往广州销售。此种情形，《江津方志》有如下记载：

猪毛此物为西洋各国洗刷房屋之要品，又为一部分毛织物之重要原料，而在蜀地除农人用以肥田外，洵属遗弃之物。嗣经试办至粤，颇获利，由此设庄采办者争先恐后。

受此影响，邻近川东的贵州遵义也出现了贩运猪鬃的小贩。咸丰《续遵义府志》记载："猪毛……郡人之商于粤蜀者，以山货为大宗，然所贩运者，向为漆与五倍子之类，近年来与洋货交易，始知各种兽毛皆可持之以易钱，且能获厚利。在渝中见乡人有专贩猪毛而来者，多获利三倍之偿也。"①

但是，这一时期，无论是经销猪鬃的"广帮"商人，还是四川本地行商，对收购的猪鬃未经必要的加工，输出之货"杂乱肮脏，气味臭恶，既无分类洗净之工序，亦无等级标准之遵循，鲜合国际工业市场之要求"。②结果，兼具陕甘之长鬃，贵州之硬鬃，川北鬃之光泽等特点的川鬃在相当长时期内并未在国际市场上获得应有的声誉。

一、英商立德乐时期

重庆开埠后，英国商人立德乐入川，在重庆下陕西街成立贸易公司，挂出立德乐洋行招牌，着手四川商务的开发。1890年，为经营猪鬃加工业务，立德乐招雇天津制鬃工人到重庆设立洗房（加工厂），对生猪鬃原料进行洗制，由此开启了四川制造黑熟猪鬃的历史。工厂开工后，为使产品迎合国际工业市场的要求，立德乐竭力经营，从制鬃业发达的天津、汉口地区引入技术、人才，制定严格的质量标准，创设"17号头"出口配箱，以"鸡牌"为出口商标，从多方面对四川猪鬃进行开发：

---

① 民国《江津县志》，卷4，《物产》。
② 邓少琴编：《近代川江航运简史》，重庆：重庆市博物馆，1982年，第74页。

1. 引入技术、人才

猪鬃业为一种新兴原料加工业，加工环节众多，工艺流程复杂，对技术要求较高。四川虽然猪鬃资源丰富，但当时并无川人掌握整套的猪鬃加工整理技术。要在四川开展猪鬃加工唯有从猪鬃业发达的天津、汉口等地输入技术、引入工人。

为此，1891年立德乐从天津招雇十名"津帮"技术工人，入川制货。工厂开工后，猪鬃经"津帮"技术工人加工选制后，一改过去"杂乱肮脏，气味恶劣"①的弊端，所制货品洁净光亮，扎成小卷，分别长短，装箱报关，运销伦敦、纽约，售价甚高，赢得国际市场良好的声誉。从此，重庆猪鬃名扬世界。光绪二十七年（1901）和光绪二十九年（1903），立德乐工厂业务扩大，技术工人殊不足以应付，立德乐又分别从汉口和天津招请技术工人入川，从技术上保证所制熟鬃的质量。外埠工人的三次入川，对四川猪鬃业的兴起与发展，意义重大。

首先，结束了四川因技术与人才匮乏而无力发展近代猪鬃工业的历史，改变了业界对四川猪鬃质量低劣的印象，提高了川鬃在国际市场上的竞争力。

其次，外埠工人入川，奠定了制鬃技术在四川扩散的基础，有助于制鬃技术的普及和本地技术人才的培育，为猪鬃业的进一步发展创造了条件。

2. 制定等级标准

标准化是产品质量的重要保证，是技术实施的参照物。汇集重庆市场的生鬃，来自四川、西康、贵州、甘肃、云南、青海及陕西等省份，由于猪种及地域的巨大差异，使得各省猪鬃在长度、硬度、韧性及色泽

---

① 彭泽益：《中国近代手工业史资料》（第2卷），北京：中华书局，1962年，第395页。

等方面，参差不齐，各有所长。

四川长江沿线"大河毛"光泽较差，但性硬，用途广，霉毛易除尽；嘉陵江沿线的"小河毛"光泽好，唯性柔，细霉毛多。

贵州猪鬃则以"长"著称，"黔鬃之长度以3—4吋为最多，6吋出尺（6吋以上）者也不鲜见，惟鬃根细软，质地欠佳"。[①]

云南滇西地区所产猪鬃具有花色长、根条坚硬的特点，可以洗制的成分较高，而滇东地区产的猪鬃则尺码短、颜色好、洗制成分较低。

至于陕西、甘肃所产的猪鬃则以"硬"见长，其毛根的粗硬，较他省为优良，但色泽偏黄，且毛尖多发岔。故各地生毛到厂加工成熟货时，需按其特性，配制均匀，使其兼具硬、韧、色等特点。

但是，要使各地的猪鬃配制均匀，并非易事，必须制定猪鬃等级标准，对生鬃实行分级收购。只有这样，才能保证配箱的不同花色长短适度，品质划一，防止绒毛、霉毛、植物纤维混杂其间而影响洗制后熟鬃的质量。基于此种认识，立德乐在考察了各地的生鬃后，遂以"长度"作为生鬃分级的基本标准，规定长度在4吋以上的生鬃为一等品，称为"飞尾"；长度在3~4吋之间的生鬃为二等品，称为"尖子"；长度在2~3吋之间的猪鬃为三等品，命名为"提庄"；长度为2吋的猪鬃为四等品，俗称"扎子"；长度在2吋以下的猪鬃为五等品，称为"次元庄"。

生鬃等级标准的确立，有利于各个层级的商家及小贩在收购生鬃时有章可循，剔除无用的猪毛，根据需要收购不同等级的生货。同时也有利于屠夫在杀猪时，对猪毛的取舍作出相对正确的判断。

正是由于立德乐对生、熟猪鬃制定了较为全面的等级标准和鉴别条

---

① 蒋德学：《贵州近代经济史》（第1卷），成都：社会科学出版社，1987年，第382页。

件，加之猪鬃工人的辛勤劳动与细致操作，立德乐工厂加工的猪鬃，质量大大超过了国际市场的标准，使得重庆猪鬃很快驰名世界各国，在伦敦、纽约博得善价。

3. 创设新出口配箱

任何经济或生产的发展都必须有赖于技术的进步。出口配箱改进，是猪鬃出口技术的一次变革，奠定了四川猪鬃输出标准化的基础。配箱，就是不同花色的代名词，即把不同长度的熟鬃，按某一标准重量，搭配装箱，以满足国外厂商制造长短毛刷时的多样化需要。

我国猪鬃出口始于19世纪60年代的天津。其时天津出口的猪鬃有"26号"配箱、"55号"配箱，以及"66号"配箱三种。其中"26号"配箱最为普遍，该配箱花色为2.5~4吋。[1]

据说该号配箱为天津猪鬃加工业发起人赵新代为天津英商高林洋行生产加工时所创。19世纪80年代后，随着汉口猪鬃工业的兴起，人们又发明了"17号"配箱、"5号"配箱和"独2吋"三种配箱。邻近的湖南猪鬃集散地——湘潭，猪鬃出口则采用"上等"和"中等"两种配箱。英商立德乐来川建立猪鬃工厂，开展猪鬃加工业务后，输出的猪鬃并未照搬天津或汉口的配箱标准，而只是借鉴了天津、汉口的装潢式样，利用四川猪鬃来源广泛，长鬃比例较高的优势，新创"17号头"配箱。[2]

具体而言，就是把长度为2~6吋的熟鬃，每1/4吋作为一级，分成17个花色，分别用绳在各种花色的根部束成1.7~2吋的小捆，按各个花色固定的斤两予以配箱，每箱总重量须为100斤。这种配箱在国际市场出

---

① 重庆中国银行编：《四川省之山货》（上卷），重庆中国银行经济研究处印，1934年，第107—108页。

② 张惠民：《丰南猪鬃业》，《河北文史集粹·经济卷》，石家庄：河北人民出版社，1992年，第90页。

现后，因其长猪鬃尺码比例高，且长短猪鬃比例搭配合理、花色齐全，客户能够根据需要，指定号码而订购，异常简便。因此，猪鬃以"17号头"配箱输出后，立刻在国际市场引起反响，该配箱猪鬃供不应求。

二、英商隆茂洋行时期

立德乐洋行对四川猪鬃资源的开发，使得四川猪鬃加工业从无到有。猪鬃成为四川的大宗贸易商品，并在国际市场上赢得良好的声誉。但是，川鬃在国际市场的畅销，并未迅速带动猪鬃出口数量的增加。在1891—1903年这段时间里，川鬃输出数量增长缓慢，始终徘徊在5500担左右，远逊于同期的天津、汉口两地猪鬃的输出，与四川作为全国第一产鬃大省的地位极不相称。

究其原因，主要在于立德乐洋行为维系其垄断地位，排斥中外竞争对手，通过限制人事流动和技术扩散，对行业的发展进行了严格控制。当外埠技术工人来川时，立德乐强行与其订立合同，规定"合同期内，扎猪毛工人只能在立德乐洋行做工，不能另受雇于他人。除在行挂名之学徒外，不能另教别人，本行生意，各事不能泄漏，亦不能自揽生意。倘违此条规，罚银五百"。[①]同时，立德乐凭借在华贸易特权，实行垄断经营，对借洋行名义开办此业的华商，要求官府下札予以禁止，限制内地猪鬃商的发展。据《巴县档案》记载，光绪三十年，川东道札"有华商串挂洋行牌号，开设冒充洋行洗房，此皆无赖奸商希图偷漏税费，挟制官长起见，不惟有碍政体且有损各国声誉，此等风气断不可长，亟应

---

③ 巴县档案抄本：外交，通商25-1，四川大学历史系藏。

严厉查禁"。①这一做法严重制约了四川猪鬃产业的发展，以至《1902—1911的重庆海关十年报告》说，1902年，重庆经营洗净分类猪鬃销往外国市场的公司只有一家。1903年，安利、英宝丰、怡和云三家洋行及华商单宇记在渝设厂，角逐竞争，才打破了立德乐洋行的垄断，重庆猪鬃工厂增至5家。是故《光绪二十九年重庆口海关贸易报告》载有，"现本口计有洋商4家，华商一家，设厂雇工，斯夕从事"。

1904年，立德乐佯言要回国休养，在上海与隆茂洋行达成转让协议，将洋行"顶打"隆茂洋行，由其接替立德乐洋行在四川的所有猪鬃业务。隆茂洋行接管后立德乐洋行后，为了扩大业务，提高产量，于经营、管理方面，采取了有别于立德乐洋行的做法。

1. 实施"划子"制度，扩大猪鬃的产量

"划子"制度，是伴随列强进行资本输出，兴办出口加工业而产生的由华商经营，带有买办资本主义性质的加工企业，从属和服务于外商产业资本。"划子"在重庆的出现，既反映了资本主义对华经济侵略的扩大和深入，也可以说是国际市场对猪鬃需求扩大的背景下，洋行放宽技术限制和人事流动的必然结果。立德乐时期，虽然有部分洋行技术工人利用买毛机会吃盘戴帽，私自招收学徒，但在立德乐高压之下，其洗房只能暗地经营。

隆茂洋行"顶打"后，一改立德乐限制"划子"发展的政策，在人事流动方面，允许并支持渝市商人和掌握制鬃技术的工人组建洗房，经营私货生意；在加工及收货业务上，则与各"划子"订立固定的买卖关系，通过订货、预付货款、包销等手段，利用他们为洋行服务，使其成

---

① 《重庆府札华商不得借用洋商名目营业》，巴县档案，案卷号736，微缩号6，四川省档案馆藏。

为其攒货的"工具"和加工的"划子"。隆茂与"划子"所订的交单规定，"划子"为其生产、加工熟鬃，可得6~7成的预付资金，但加工数量须在规定时期内完成，售价以国外电报为准。而中方商人在洋行包销的承诺及利润的引诱下，也愿意投资这一见效快、风险小、市场急需的行业。所以，宣统年间，隆茂洋行经营的猪鬃业务有了很大的发展，熟鬃产量由立德乐洋行时期的最高月产140~150担，上升到200~300担，甚至最高月产达400~500担。隆茂洋行敢大胆放手发展"划子"，漠视对其垄断的冲击，自有应对之策。

首先，内地华商对猪鬃的市场需求、银价变动、价格涨落几乎是一无所知，洋行可以通过订货、预付货款、包销等手段，与之订立固定的买卖关系，操控中方洗房。如光绪二十九年（1903），巴县猪贩李春林，以吴朗轩为保，借洋行票银两百两，每月一分二厘行息，组建洗房，为其生产熟鬃。

其次，洋行可以凭借贸易中的特权，依靠官府的力量，以偷税漏税的名义，打击拒绝与之发生贸易的内地猪鬃商。宣统二年（1910）11月，隆茂洋行不满富顺商民林竹辉借永年人寿保险公司名义，避开隆茂，运货出川，遂勾结官府，以其逃税为借口，札饬华商林竹辉到案，迅速收旗歇业，姑免深咎，如敢违抗，即予封禁。

最后，猪鬃行业通行的学徒制度也有利于洋行控制华商企业。制鬃技术为入川的"津帮"工人所掌握，技术高超者持技而傲，多不愿收徒，以免技术外漏。虽然光绪二十八年（1902），因津、汉两帮工人持技竞争，遂开收徒之禁闭，但招徒规定对投师者极为苛刻，"凡入门充当学徒，须敬奉20—30两的学徒金；学习三月后，始正式订立师徒契约；学习以三年为期，学习期中，所得工资，完全归诸师傅，为师傅者，每月给予洗浆费用；满三年后，学徒再酬报师傅以三月之工资"。

如此苛刻条件，必然限制技术人才的培养，制约华商企业的独立发展。

2. 实现包工制与计件计时制

隆茂洋行接替立德乐洋行后，认为立德乐洋行所采用的月薪制办法，在发挥工人生产积极性、扩大产量等方面，都有很大的局限。并且月薪制易于助长工人迟延工作时间，降低劳动效率。所以，隆茂洋行开工后，为提高产量，在企业内部管理上采取如下的手段：

第一，在生产方式上，实行包工制。其具体做法是，在洗净、蒸伸、理顺、提清四大加工环节中，指定一工头（案子头）承包相应环节的工作，并要求在一定的时间内完成规定的数额。案子头承包一定的工作量后，则根据工作量的多少，确定所需工人的数量，编成小组，按每一环节的具体步骤分配任务、安排工时。

第二，改月薪制为计件工资制，制定计件标准。月薪时期，楼工极端自由，偷工延时为其恶习。有鉴于此，为刺激其工人工作积极性，扩大产量，隆茂洋行先后于梳毛、缠板、楼工及花毛等工人中，采用计件工资制，按工数付给工资，多劳多得，打破对月薪的依赖性，迫使工人们为赚钱养家，必须日夜辛勤加工赶制。至于计件标准，则以工作的技术含量，以及工作的轻重难易来制定。

3. 增加新的出口猪鬃配箱。

川鬃尽管品质优良、产量丰富，但随着贸易的扩大，长鬃少而短鬃多的客观事实成为制约四川猪鬃产业发展的一个重要内因。产业发展初期，因业务量有限，4~6吋的长毛猪鬃基本能够满足搭配"17号头"配箱的需要，长、短猪鬃花色按比例搭配的矛盾并不十分突出。但随着产业的拓展，业务量不断增长，对中长猪鬃数量的需求日益增加。原庄生货中的中长猪鬃数量已感偏少，不能满足贸易发展的需要，若再按原有比例配足17种花色，必将制约产业发展的规模。并且短鬃的大量积压，鬃农利益受损，也将导致贸易难以为继。变革猪鬃配箱，增加短鬃输出数量，以此扩大猪鬃贸易，势在必行。有鉴于此，隆茂洋行接替立德乐洋行后，为扩大贸易输出，遂作手配箱的改革。

首先，对原有"17号头"配箱进行改进，在保持17种花色和每箱100公斤的基础上，改变17种花色的搭配比例，降低长鬃的比例，把短鬃比例提高，以此缓解中长鬃与短鬃搭配的矛盾。改进后的新配箱命名为"27号"头配箱。

其次，为解决短毛猪鬃大量积压，借鉴汉口"5号"猪鬃配箱的经验，将3吋以下的短鬃相互配搭，新建重庆"5号头""4号头"两种短鬃配箱。在重庆"5号头"配箱中，共有五种长度不同的花色，其中长度为3吋的花色为10公斤，2.75吋的花色为15公斤，2.50吋的花色为20公斤，2.25吋的为25公斤，2吋的扎子为30公斤，合计配箱重100公斤。该种配箱与汉口"5号"配箱相比较，优点在于长度2吋花色的猪鬃比例较低，而长度为3吋花色的猪鬃比例则较高。因此，市场的竞争力强于同类配箱，颇受伦敦市场欢迎。至于"4号"配箱由长度为2吋、2.25吋、2.50吋、2.75吋的四种花色组成，配箱重量亦为100公斤。

这三种新号头配箱的出现，可以说对四川猪鬃资源的开发带来了深远的影响，一是扩大了四川猪鬃的输出，无论主销于纽约的"27号"配箱，还是运往伦敦的"5号"配箱都获得了良好的销售记录。二是提高了短鬃的使用率，避免了短鬃积压而造成的猪鬃浪费。正因如此，这三种新号头，以后都成为重庆出口猪鬃的规格标准。

三、英商白理洋行和日商新利洋行时期

隆茂洋行承接立德乐洋行的事业，通过改变经营手法，使业务发展

更为鼎盛，使得四川猪鬃产业的发展，在宣统年间跃上一级新的台阶。与此同时，随着行业内外环境的变化，少数几家外资洋行垄断猪鬃业的格局，被彻底打破，更多的中资与外资，在猪鬃暴利刺激下，纷纷介入该行业。

1904年，安利英、宝丰、怡和进入重庆猪鬃市场，在渝设厂，仿效隆茂之经营管理，与之角逐。其间，尽管夺取隆茂洋行的一些业务，但由于人事班底不强，铺底困难，业务施展不开，未对隆茂的经营带来大的冲击。

1910年后，因"外洋要货甚急，市价日见增长，贩卖之家，均能获利"，日商日森、三井、武林、有菱、新利；英商白理、福记；美商德泰、聚美；法商东方、利昌；德商宝丰、德昌、瑞记等外资洋行纷纷在渝设厂，渝市猪鬃加工业更形发达。

1919年，日商三重、大和、嘉太，法商永兴、吉利等洋行，基于战后欧洲工业发展的需要，皆踊跃设厂制货。如此多洋行涉足四川猪鬃业，必然加剧洋行之间的竞争。竞争中，英商白理洋行及日商新利洋行借用买办的力量，逐渐确立了该行业的优势地位，而隆茂洋行因工作粗糙，质量下降，产品不易在国际市场脱手，在与白理、新利洋行竞争中逐渐居于劣势，遂被迫缩小业务，另图发展。四川猪鬃产业由此进入英商白理洋行和日商新利洋行垄断时期。其间，行业发展格局出现了较大的变化：

第一，各洋行之间的竞争，使得买办和买办性商人的作用日趋重要，逐渐成为产业开发的重要力量。

英商立德乐来渝时，即通过买办卢序东为洋行引入外埠技术工人，并以其名义，帮助立德乐洋行，将南岸龙门浩九湾十八保连亘数里的地皮，用永租的方式占为己有，起造西式栈房一座，专为"拣选洗扎"之所，为洋行业务的开展发挥了重要作用。

1904年，隆茂洋行接手后，通过基督教教会的关系，以1.5%的买卖回扣，雇用基督教徒杨瑞卿为买办，为其办货。杨瑞卿"为博得更多的回扣，常往来于四川白鬃的重要产地荣昌，因汇兑不便，用骡马驮来白银，借鬃商石金毓经营之手，收购猪鬃运往重庆"。后来，杨瑞卿利用所得的回扣，投资成立了"祥和庆"工厂，利用与各地鬃商建立的买卖关系，专为隆茂洋行收购并洗制出口熟鬃，成为渝市规模较大的加工企业。随着其实力的不断增强，在售卖对象可作选择的重庆，与隆茂洋行的关系必然发生微妙的变化。①

1909年，日本新利洋行成立。由于当时竞争十分激烈，新利洋行为获得生产的原料，业务的运作完全依赖买办陈瑶章。陈瑶章凭借其交际手腕，通过融资、收徒、悬欠、铺账等手段，向重庆金融界活动资金来周转，使得新利洋行的业务迅速发展。四川所产的3000担白猪鬃，除日商日森、武林经营数百担外，均为新利所垄断。同时，四川出产的1万余担黑鬃，由新利经营的亦占1/4。而且，在新利洋行洗房中，雇佣工人常年保持数百人，最多高达1000人左右。陈瑶章任新利买办期间，最大的作用在于对猪鬃产地市场的开发，通过设立外庄，拓宽了猪鬃的收购范围。杨灿雪在《洋行垄断下的山货业》回忆道，为扩大猪鬃产业链向边区的延伸，陈瑶章在南充、阆中、蓬溪、仪陇等边远县区买货时，曾一次就开设48个外庄，利用300多个小贩为其攒货。同时，要求小贩收货时，对收购地农户的养猪数量、宰杀时间进行详细调查，并对一些急需

---

① 沈定、冯尧安：《南岸猪鬃经营史略》，《南岸区文史资料选辑》（2），1987年，第49—50页。

用钱的农户预付定金，把猪鬃预买到手。[1]

英商白理洋行在1911年成立后，业务也获得了较大的发展，其熟鬃产量由成立之初的每月300担，到1918年时产量已增加到每月800担，雇用工人也由100余人发展到1000人，成为继新利洋行后，重庆猪鬃行业中的垄断者。但是，白理洋行的经营是建立在重庆买办商人古学渊基础之上，其收购之货几乎全由古学渊的加工厂"同茂丰"提供，白理洋行获得货源后，再将"同茂丰"之货预售至上海洋行，再行付给"同茂丰"货款，从中获取转手利润。很明显，白理洋行不过是一个洋掮客，其发达兴衰取决于古学渊"同茂丰"的经营。

以上表明，四川猪鬃产业在发展过程中，外国洋行对买办的依赖性不断加深，其业务营运多靠买办完成。洋行势力开始走向衰败，产业开发主导权逐渐由外商向买办或买办化商人过渡。

第二，白猪鬃成为开发经营的重点。

白鬃为我国所独有，主产于四川与湖南两省。因白猪鬃具有"修长而韧，晶莹姣洁，且呈半透明之象牙色"的特性，为制造牙刷及各种美体刷的最佳原料。克来氏在《四万万顾主》一书中赞誉道：四川省之白鬃尤为世界所尊重，就你现在牙刷所制成的猪鬃，则出自四川白猪身上，……所以世界优良牙刷的供给，依靠四川白猪的健康和发达。重庆开埠后的相当时间里，由于白鬃加工、漂白技术难度较大，白鬃漂白工业并未在四川出现，外国洋行对猪鬃的开发，主要以黑猪鬃为主。宣统年间，白鬃漂白技术经多年的实践，在日本获得重大突破，所漂的白鬃，较之过去，颜色及品质均有明显的提高，这为白鬃大规模开发奠定

---

① 杨灿雪：《在洋行垄断下的山货业》，《重庆工商资料》（第1辑），重庆：重庆出版社，1982年，第37页。

了技术基础。但日本大和、佳泰两大商社掌握白鬃漂白技术后，并未将技术外传，相反，为防止技术外泄，设漂白厂于日本，以高价收购四川的白鬃原料。[①]

1910年，日商新利、日森、武林等洋行在重庆落户后，随即把白鬃作为洋行开发的重点，在四川荣昌、隆昌等地设立收购点，委托代理人开展白鬃的收购业务。同时，在重庆设厂，对所购的白鬃进行初步的加工，即分别长短、剔除皮肉后迅速输往日本，售与大和、佳泰两大商社。

1919—1920年，因日本白鬃漂白业的兴盛，日商三重、大和等洋行更是在重庆踊跃设厂制货，进一步推动了四川白鬃贸易的发展，四川白鬃资源的开发进入了极盛时期。为适应白鬃贸易的发展，川南重镇泸县成为四川白鬃的集散中心，该市场每年集散"白毛大约十五万斤，十分之九在泸县直接售与日本，余售与渝商转运重庆"。

第三，大多数洋行开始由"生产者"向"代理商"过渡。

立德乐洋行、隆茂洋行时期，外资对猪鬃经营，多以"自办"为主。但随着重庆华资猪鬃加工业的快速发展以及上海成为中国最大的猪鬃出口集散地，重庆外国洋行开展猪鬃业务的性质和经营方式发生了较为明显的变化。据彭泽益编的《中国近代手工业史资料》一书记载，"洗房洗扎向系洋商雇人自办，隆茂后期则由中方货主经理，而洋商直买已扎之货矣"。

综上所述，我们可以了解到，洋行对四川猪鬃的开发，使得四川熟鬃产业从无到有，在输出猪鬃的质量及数量方面发生了质的飞跃，推动了四川猪鬃产业和猪鬃外贸的迅速发展，重庆猪鬃成为中国出口商品

---

① 傅崇矩编：《成都通鉴》，成都：时代出版社，2006年，第359页。

的驰名商标。这一切成就的取得，诚如许振英所言，中国鬃业之有今日者，外人不无微劳。

如果说是立德乐洋行开拓四川猪鬃业，使之在国际市场上博得善价，成为国际贸易中的一个世界著名商标的话，那么，隆茂洋行对猪鬃的开发，则推动了猪鬃产业在四川的发展，使之成为大宗的外贸出口物资。随后蓬勃兴起的四川民营猪鬃加工业，可以说是伴随西方洋行对四川猪鬃资源的开发而发生、发展起来的。

第二节　华商对四川猪鬃产业的经营

一、华商猪鬃产业的勃兴及扩散

19世纪末，中国东南沿海地区中国民族资本主义工商业已开始了初步发展。但在深居内地的重庆，近代工业还是一个新事物，人们对其知之甚少。投资者既看不到办工业的利益，同时又不敢"浪投巨资，轻试产业"。

尽管发展猪鬃加工业在四川具有得天独厚的资源优势，但由于历史条件和经济环境的制约，重庆开埠前，猪鬃加工洗制企业并未在川自发产生。1891年，重庆开埠后，洋行对四川猪鬃产业所进行的一系列开发与经营，奠定了四川民族猪鬃加工业产生及发展的基础，刺激了部分川人投资的热情。进入20世纪后，伴随民族意识的觉醒和民族运动的高涨，部分拥有制鬃技术的外埠工人和在某些行业积累了相当商业利润的本地商人，在市场需求的导向下，对这一外商引入的新式手工业产生了浓厚的兴趣，开始了投资猪鬃业的尝试，以图通过这一新式产业，积累更多的财富。

1903年，天津技术工人单宇清，不堪立德乐洋行的压榨，创设"单宇记"洗房，打破洋行垄断，开了四川民族制鬃工业的先河。随后，买办商人杨瑞卿在1905年用替洋行买货所得之回扣，于南纪门茄子码头，组建"祥和庆"洗房，利用与鬃商的关系，大量收入生鬃，洗制成熟鬃。

与此同时，在渝的外埠技术工人也纷纷脱离外国洋行，组织私人企业，以收徒的形式进行雇工，从事猪鬃的加工与生产。到1911年，重庆从事猪鬃加工的21家洗房中，中资洗房已有14家，占当时总数的66%。其中，重庆商会会长古绥之，于1911年投资1万元大洋，组建"同茂丰"山货字号，设洗房于文华街，为当时规模较大的民营猪鬃加工工厂。

但是，应该看到，这一时期，华资工厂虽在猪鬃的收购、加工方面，对重庆的外资洋行形成了一定的冲击，但当时华资洗房几乎都是以外国洋行"划子"的形式出现的，担当了为各洋行洗制熟货的工作，销售及价格上受控于洋行，独立发展受到制约。

1912年，中华民国建立后，四川军政府颁布和推行一系列保护和发展商品贸易的法令，在此影响下，官、绅、商纷纷投资"获利既丰，而销售亦易的猪鬃业"，华商猪鬃产业在川开始呈现蓬勃发展之势。这种发展的趋势主要体现在三个方面：

第一，猪鬃成为四川一些州县的外销商品，方志等文献中开始有猪鬃外销的记载。

近代以前，方志中没有留下关于将猪鬃作为贸易商品的记载，这主要在于四川历史上的多次林、畜产品资源开发中，因猪鬃无市场的需求，并未成为开发的对象。

进入清代咸丰时代后，在农畜产品商品化的浪潮下，四川猪鬃作为工业原料得到一定的开发，开始进入流通领域。但由于四川境内交通不便、信息阻塞，猪鬃商品化扩散缓慢，开发主要集中于重庆及其邻近区域，对四川农村经济的影响甚微。所以，民国以前各地方志也少有记载。民国以后，猪鬃开发规模扩大，采鬃副业逐渐成为农家养猪的另一收入增长点，猪鬃成为畜产品中，商品化程度最高的商品。在此背景下，有关"猪鬃"的信息，在各地方志中均有所反映，成为方志物产或实业中的内容。南江，"土产极多，输出者以药材为大宗，猪鬃、木耳次之"。云阳，"山货者，羊皮、蓓子为大宗，猪毛、茶叶、漆次之"。合江，"自重庆辟埠通商，羊皮、牛革、猪鬃……之属盛销海外"。①

当时，猪鬃所以能进入流通领域，在于其已具有了商品的交换价值，民国《长寿县志》载："豕近考其肉富滋养分，遂亦啖之，繁殖甚速，肉可供食，毛可出售，骨可作肥料"；民国《宣汉县志》亦同样记载有："色黑无白者无花者，肉可食，鬃可售"。至于销往海外的猪鬃的种类，民国《荣昌县志》载："色尚白隆昌者，良毛售海外，黑白不杂。"而关于黑白猪鬃的价格比较，民国《大足县志》则明确记载，"白者价高质优，为中国出口货物之一"。

这一时期，人们对猪鬃的价值及何地猪鬃品质优劣的情况，亦有了大致的认识，就价值而言，通江县，"鬃毛色泽光亮，根条均匀，柔软而负弹性，有'黑色金子'之称"。②云阳县，则有"川猪遍天下，猪鬃数云阳"的赞誉。至于如何收购猪鬃，民国《丰都县志》记载，"外商先以银交土贩预订，价格每担约值银189两不等，毛贩偏向各场收买"。③

同时，随着贸易的扩大，某些县份，猪鬃已成为输出大宗。泸县，

① 中国地方志集成：《四川府县志辑》（62），民国《南江县志》，第2编，实业，第26页，成都：巴蜀书社，1992年版。

② 中国地方志集成：《四川府县志辑》（11），民国《通江县志》，卷3，物产，第152页，成都：巴蜀书社，1992年版。

③ 中国地方志集成：《四川府县志辑》（47），民国《丰都县志》，卷9，物产类，第194页，成都：巴蜀书社，1992年版。

"本县除农产物及猪毛羊毛外无大宗输出"，^①"年出口猪鬃1000担，白毛700担，担值500元，黑毛300担，担值90元，总价值37万元"。^②大竹，"年输出猪毛10万元，唯猪之体不如荣隆所产之大，脊毛不如黔边所产之长，宜改良种类，以求增加输出"。^③甚至地处大巴山腹地、商品经济落后的巴中县，每年也有输出猪鬃100担^④的记载。

以上有关猪鬃的记载，在四川民国方志中俯拾皆是，不胜枚举。这在一定程度上说明了，猪鬃在四川各地开始得到较为广泛的开发，已成为各地农家重要的副业产品，其商品性开始为各地川民所了解，成为猪鬃产业在川省勃兴的一个标志。

第二，猪鬃产业之洗房、字号、行栈、中路等行业有了较大的发展。

猪鬃产业按营业性质，可分出口业、行栈业、中路业和洗梳业四个部分。出口业为经营猪鬃出口贸易的行业，如字号；行栈业和中路业为介绍业务的中介组织，如行栈、中路者；洗梳业为制作加工的工厂，如洗房、梳房等。

民国以后，世界钢铁、建筑、汽车三大产业的快速发展，刺激了国际市场对猪鬃的需求，在国际市场拉动下，四川猪鬃输出的量值有了大的提升。1912年，出口猪鬃13017担，价值74万海关两；1913年，出口猪鬃15355担，价值88万海关两；1914年，出口猪鬃16019担，价值99万

---

① 中国地方志集成：《四川府县志辑》（42），民国《泸县志》，卷10，物产类，第86页，成都：巴蜀书社，1992年版。

② 王禄昌：民国《泸县志》，卷3，1938年铅印本。

③ 中国地方志集成：《四川府县志辑》（62），民国《大竹县志》，卷12，物产类，第284页，成都：巴蜀书社，1992年版。

④ 中国地方志集成：《四川府县志辑》（62），民国《巴中县志》，卷3，实业类，第26页，成都：巴蜀书社，1992年版。

海关两；1915年，出口猪鬃15953担，价值109万海关两，首次突破百万大关。随着贸易的扩大，经营出口的字号也成为一些渝市商人投资的重点。

1913年，商人杨继光以注册资金2万元，在重庆九尺坎组建"丰泰"字号，雇用16名职员，从事经营猪鬃出口业务。次年，另一渝市商人李景才，投资4万元，雇用30名职员，于重庆模范市场组建"乔济"字号，主营猪鬃出口。与此同时，在重庆经营洗房多年的石荣廷，在出口业利润的刺激下，延伸产业链，以4万元资金成立"天成公"字号，插足猪鬃出口业。1915年春，"川鬃在伦敦售价颇高，下半年申汇尤与出口贸易相符，故远售欧洲、日本者，颇为活跃"，为此重庆再次新增5家字号，总数达到11家，与洋行竞争出口贸易。到1921年，渝市华商猪鬃字号发展为17家字号，多分布于城区闹市小较场、杨柳街、文华街、刁家巷、绣壁街等处。1925年，川人古耕虞将其父创设的"吉亨"字号改名"古青记"，投资6万元扩大猪鬃洗制及出口业务，货品以"虎牌"为商标，并于1926年与美国最大的猪鬃进口商贸公司直接交易成功，避开上海和伦敦中间商的盘剥，直销美国，奠定了日后成为"猪鬃大王"的基础。

猪鬃出口字号业的兴盛，带动了为其提供货源的洗房业的发展，更多渐有力量的工人及小商人投资此业，从事猪鬃洗制、加工。在加工技术不成障碍后，由于洗房业所需的资金较少，加之营运中，常可得到字号有条件的投资辅助，发展最为迅速，仅1915年，渝市就新增洗房13家，总数达30家。雇用工人数量以洗房规模而定，大部分洗房雇工在10人以下，少数洗房有工人数百。尽管渝市华商洗鬃工厂，倏起倏落，停业或倒闭是常有之事，但洗房总数在1921年时已达60家，从业人员达3900余人，洗房业号称重庆"第一行业"，"盖惟洗制猪鬃者，获资视他业为优，而其事又未至过劳，故人咸乐趋之"。

在重庆字号及洗房业发展的同时，作为沟通产地市场与集中市场的行栈和中路，为适应猪鬃生产与流通规模扩大，在出口业的带动下，发展也极为迅速。1915年重庆行栈7家，中路6家，到1921年行栈13家，中路26家；1937年，行栈20家，中路30家，多分布于林森路、陕西路、东华观巷等处。

第三，猪鬃产业由重庆向全川扩散。

猪鬃为猪的副产品，产量的高低取决于农村屠猪的数量。我国农村习惯于冬季，特别是腊月集中屠猪，以贺新年，或作腌肉，故此时农户生鬃较多。而在夏季，饲料丰富，为生猪催肥的季节，农户屠猪较少，生鬃数量有限。

猪鬃上市不均，必然影响工厂开工，是故猪鬃行业有"开工半年，停工半年"之说。正因如此，使得猪鬃加工业带有"季节性"手工业的意味。在这一行业中，除少数工厂备料充足，可全年开工外，众多工厂因原料的不足，开工的时间约为8~10个月。

产业发展的初期，因工厂数量及规模有限，原料与开工的矛盾并不特别突出，各厂商只要借助行栈或中路的帮助，原料的匮乏在一定程度上可得以解决。但是民国初期以来，随着产业的扩大，洗房的增多，各厂家对生鬃的竞争日趋激烈，原料不能满足工厂开工的需要，日益成为制约猪鬃加工业发展的瓶颈。

有鉴于此，一些有志于投资该业的商家，自然把眼光投向交通便捷且邻近重庆的川东北地区。这一区域，养猪业发达，猪鬃资源极为丰富，四川产鬃最盛7个县中，达县、合江、武胜3县就恰好在此区域之内。

宣统三年（1911），"汉帮"商人黄崇兴带技工黄金廷，由渝来到南充，在紫云巷开设"德庆"加工作坊，借助本地商会的帮助，收购生鬃，加工制成熟鬃后，运销重庆，获利颇丰，成为重庆城区之外最早的工厂。由于黄氏所创工厂利润可观，直接刺激了外埠商人在产区投资的产业热情。民国元年（1912），重庆人于树清在大足县东关组建洗房，雇工13人，加工猪鬃，从临近各县及成都、贵州等地购买原料，年产熟鬃176箱，交重庆出口，鬃毛长达六寸，深受商家欢迎。

民国二年（1913），一万县师傅前往梁平仁贤镇，与农民蔡氏兄弟合伙，集资3500元，贷款2100元，兴办仁贤猪鬃加工厂，10月投产，当月即加工熟鬃42公斤。民国四年（1915），重庆人李云甫辞去集祥号庄客，在合江收购猪鬃自行加工熟货，结束了该县无熟鬃输出的历史。民国七年（1918），重庆人袁子成、王炳林到渠县设洗房，加工猪鬃，产鬃240担。

与此同时，伴随猪鬃加工业在川东北产区的出现，"猪毛可持之以易钱，且能获厚利"的商品意识为更多的商民所认知，刺激了当地商民的开发热情。安岳县吴辉堂、熊元庆组建猪鬃合作社，采取收零成整的办法，于县境内外收购猪鬃，销往重庆交外贸商户转口。资中复兴号商人童义昌在县城组建洗房，加工熟鬃，年产60箱，主销重庆，转上海出口。岳池县有经营猪鬃的商户20家，每年收购猪鬃5吨，供给南充或重庆加工洗制，以供出口。从上可知，民国以后，随着猪鬃产业的扩散，猪鬃加工业已开始在川省各县出现，养猪拔鬃开始成为农村一新型的副业类型，猪鬃买卖成为一些地方小贩营生、发家的手段。

二、市场结构的构建

猪鬃从穷乡僻野远渡重洋，活跃于伦敦、纽约市场，是以国内各级市场分工合作为前提条件，以收购、运输、加工、包装、出口等环节正常运转为根本保障。从交易程序和功能看，猪鬃从农民出售到消费者使用猪鬃制成的刷具，猪鬃流通要经历产地市场、转运市场、中心市场和销售市场等环节。兹依次介绍猪鬃的流通情况，以反映近代四川各级猪鬃市场的分布。

1. 产地市场

产地市场是具有一定辐射和吸收作用的中心乡镇，经济服务对象是环绕于其周围的一些自然村落，它以自身的商业功能将分散的民庄联结在一起，乡村分散的农产品通过它的集散销往上级转运市场，是整个市场体系中最基本的网络，是城乡联系的纽带，为集散市场供给货源。场镇的繁荣与衰落与这一地区内农村商品经济的发展紧密相关，历史上很多场镇的闻名，是以某一产品在该地的大量开发为前提条件的。

四川是全国产鬃第一大省，猪鬃产量约占全国的13.9%，[1]全省156个县中几乎无一不产猪鬃，猪鬃产地遍布全川。1931年《四川经济月刊》调查发现，四川白鬃产地，川南6个县，川东3个县，川西1个县；黑鬃产地，川南50个县，川东36个县，川西34个县。[2]即便是地处高原，人烟稀少的宁属越巂、冕宁夷地，也不乏猪鬃生产，常见"夷人人春，常将未肥之猪，剪下其鬃而求售；曾见越巂夷人，于春暖猪换毛时，落鬃地下，一一捡之，入市售之"。[3]

猪鬃贸易在四川各地的广泛兴起，必然催生众多经营猪鬃的产地市场的出现，甚至形成以经营猪鬃为主的专业市场。

如长寿县松柏镇，"自重庆辟埠通商，远近客商，往来频繁，羊

---

① 《中华民国史档案资料汇编》，第5卷第2期，财政与经济（9），江苏古籍出版社，1997年，第576页。

② 《一年来重庆之山货》，《四川经济月刊》，第7卷第3期，1931年。

③ 中国国民经济研究所：《宁属八县之农牧》，《西南实业通讯》，第4卷第3期，1941年。

皮、牛革、猪鬃……之属盛销海外"。丰都县高家场，"外商先以银交土贩预订，价格每担约值银189两不等，毛贩偏向村场收买"猪鬃。这说明这些场市，不仅作为小生产者以有易无、调剂余缺的场所存在，更多的是充当服务于外国资本掠夺工业原料的基层产地市场，它们的兴盛与外贸密不可分。

民国以后，随着华商主导地位的确立，以及猪鬃产业在四川各地的迅速扩散，猪鬃已成为各场市中较为普遍的交易商品，平均每个产鬃县有2.5个经营猪鬃的场市，平均每个场市有猪毛小贩41人，每逢场期，农民、屠夫必携鬃至最近的场市出售，其价格随地点和季节的不同而有所变动，每斤大约在制钱1000文至2000文之间。

以收买生鬃为业的小贩，则利用场期，四处赶场，向农民、屠夫收购鬃毛。与此同时，一些场市开始有了一套习惯的交易方式，买卖时，除现钱现货外，或可用实物换鬃，或可向屠夫预购。贩子预购时，需交卖主信金，卖主见具妥保，双方订立合同，载明数量及价格，定期取货。至于产地市场年交易生鬃的数量，则取决于产地市场辐射区域内养猪的多少。川东合川县，辖地广阔，物产丰饶，年饲猪33万头，其所辖的大河霸、渭河、小丏、龙市、云门、钱塘、金沙等场镇均以"猪毛"为交易大宗，年出产生货35700斤以上，其中，小丏乡所产黑鬃品质极佳，价格比他乡高约2成。川南内江县，每年约有猪只10万头，所产猪鬃90%为黑色，其属下的城关镇、茂市乡、高梁镇、棉木乡、便民场、观音场等6个产地市场，年产猪鬃12000斤。其中，城关镇市场尤以出产优质黑鬃而著称，岁输出鬃毛4000斤，而棉木乡年产鬃毛2000斤，茂市乡2000斤，观音乡2000斤，便民乡1000斤。

白鬃产地市场，则主要集中在以荣昌、隆昌两县为中心的区域。荣昌昌元镇养猪2万头，大部为白色，90%为白鬃，黑鬃不过10%，每年除本镇产白鬃3800斤外，还集散邻近协合乡、天华乡、仁义镇、河包镇等地的猪鬃，年集散量3000至5000斤不等。荣昌安富场也以盛产白鬃而著称，年屠猪约5050头，产鬃2000斤，价值1万元，每到冬天的时候，该镇就出现20多个猪毛贩子四处抢购。

隆昌的城关镇、界市、龙市乡、胡家乡、斑石乡等地出产的白鬃，以鬃毛粗长，品质特优著称。在这些产地中，河东的界市乡地理位置占优势，在近代多种经营向商品化转变过程中，因白鬃交易的兴旺，成为四川著名白鬃产地专业市场。每逢二、五、八赶场日期，石燕乡、李市乡、荣隆乡的农民、屠夫携鬃至市场出售，富顺街至小东坎一华里道路两旁都是背篓、口袋，接二连三摆满，买卖人群拥挤，本地及外地鬃贩均来此收货，最高日成交量可达1500公斤。

产地市场中的场市的辐射范围，近者仅数里，最远者亦不过百里，通常多在30—70里。但四川省多山，道路险峻，故运输甚为困难，河流湍急，少舟楫之便。每到场期，四乡收购的小贩，或集成整数的屠夫，运鬃到市场时，因上之故，多用人力，一般而言，百里的路程，大致需要12小时，百斤运费以距离长短而定。有河流贯通的场镇，运输则多借舟楫之便，百里所耗时间常因顺流与逆流而有所不同，顺流大致为5小时，逆流为10小时，每百斤运费，逆水4角，顺水2角。此外，因地域的差异和运送方式的不同，包装也异。猪鬃沾潮，极易霉烂，故包装多用竹篓、篾包、包箩等透气性较好的器皿，乐山、雅安多用竹篓；荣昌、隆昌、合川、内江一带则多用篾包。竹篓系竹篾所制，呈桶形，外用竹条扎紧，呈十字形，盖有草纸和草灰，以防潮湿与偷窃，每竹篓2角至5角不等，可装鬃60余斤。篾包、包箩与竹篓结构大致相仿，只是猪鬃已被完全包裹，篾包容鬃244斤，包箩为105斤。至于场市交易的零星猪鬃，则用麻绳或稻草捆绑后，直接上市交易。一般而言，麻绳所捆系鬃毛为12斤，而稻草捆系的鬃毛大致为1斤。

2. 集散市场

集散市场由一些规模较大、辐射力较强的区域商业城市构成，起着集散邻县农畜产品，是连接广大产地市场和中心市场的桥梁。从产地市场运集而来的猪鬃，部分在这里经过初步加工，制成半成品后再运往上层的中心市场，而多数都以生鬃的形式销往中心市场的近代化工厂。受自然条件和交通运输条件的影响，猪鬃集散市场呈明显的区域化，形成多个集散中心。据有关资料统计，战前四川猪鬃集中市场有11处，分布于四川的东西南北，绵阳、遂宁、奉节、涪陵4处为次要集散市场，而合川、万县、嘉定、叙府、泸县、成都、南充7地为主要集散市场。这11个集散市场，从空间位置看，川东4个，川南3个，川西2个，川北2个，并且它们都是四川沿江的中等城市，商业繁荣，水运或陆运发达，通舟车之利是它们共同的特点。由此可见，交通便利是集散市场形成的必要前提。从辐射范围来看，集中市场与产地市场的距离，一般大致在100—300里。

合川，东为邻水，西为潼关，南与江北、璧山、铜梁接壤，北与蓬溪、武胜、岳池毗连，物产丰饶，辖地广阔，县城当涪江、渠河、嘉陵江交汇之地，与川东、川北可直接通航，水运之繁，不减于泸县、宜宾，是一个典型的转输商埠，邻近各县及三江上游二十余县所产猪鬃，多运此转道重庆出口。猪鬃交易多在冬春二季，9—12月为旺月，交易数量占全年交易的2/3，其余为淡月，故猪鬃商人以行商为多，驻商营业并不发达，该地有洗房四家专事猪鬃整理。交易时有经纪人介绍，佣金视买卖者的关系及成交的难易而定，大约言之，每百元交易，向卖方收取1~2元不等。同时按照规则，双方均需缴纳公会会费2角，2%的营业税由卖方担负。[1]

嘉陵江沿岸之南充，平原广袤，当水陆要冲，附近各县，如川东之广安、宣汉、达县、渠县、通江、巴中、川北之南部、西充、岳池、营山、武胜、蓬安、仪陇、广元及陕西、甘肃、青海等地，猪鬃贸易皆以此为枢纽，运输集散，商务极其发达，猪鬃市场之繁盛，为川北之冠，市场规模仅次于重庆。与城市的转口贸易功能相一致，南充城之出口商人，也以向北道收集土产品，运销外埠之出口商为多，其中猪鬃商7家、洗房8家，隶属于南市山货同业公会。[2]猪鬃"初始多由买卖双方直接交易，嗣以双方争执事件太多，公会为减免纠纷计，民国三年创设经纪人制度，作为交易之媒介，每次交易，由经手之经纪人，出具公会制发的交易证，分别填给买卖双方，并向买卖双方酌取2%的手续费。该地年集散外地生鬃3200担，价值553660元，居南充市场交易商品之首位"。[3]

乐山，通称嘉定，位于四川之西南，据岷江、青衣江、大渡河之交点。"因青衣江以握雅州一带贸易，因大渡河以司打箭炉一路贸易，因岷江以吞吐上下流之货物，通商之盛，甲于岷江流域。"[4]三江流域上下游各县之猪鬃均以此为集散地。雅安、夹江、洪雅的猪鬃多用"竹筏"装载，沿青衣江下行，汇集于嘉定；眉山、青神之猪鬃通过木船沿府河抵达乐山；犍为、峨眉两县之鬃则逆岷江上水，依靠木船到达；仁寿、井研的猪鬃多由挑夫沿旱路挑运至嘉定。以上各路集中于嘉定的猪鬃年约68250斤，以雅河流域为主，府河次之，桐河又次之。当各地猪鬃到达时，交易多由经纪人介绍，由本地坐商收购，每百元，卖方担负营业税

---

① 《合川外销产品贸易概况》，《贸易月刊》，第1卷第19—20期合刊，1939年12月。

② 刘骅南：《现时南充猪鬃产销情况》，《贸易月刊》，第3卷第6期，1942年1月。

③ 傅亭：《川北重要各埠之商业贸易》，《四川经济月刊》，第6卷第2期，1936年。

④ 《乐山县农村经济初步调查》，《中农月刊》，3卷10期，1942年7月。

及佣金各两元。1937年前，乐山并无洗房之设置，只有经营猪鬃的山货商9家，设有山货皮毛公会。[①]

泸县，川南重镇，其地夷夏杂处，比连富顺、隆昌、荣昌、叙永、纳溪、江安、永川等县，当长江、沱江两江交汇，舟车辐辏，户口之茂密，土地之饶沃，亦较他郡有加，是以成渝两郡，争欲收其版籍而隶其人民。周询在其《蜀海丛谈》中亦称泸州州境广阔，地尽膏腴，民物殷阗，以全蜀之隶州论之，其繁富亦当首屈一指也。同时因其地靠近滇黔，滇黔之货物也多集散于此。故作为四川白猪鬃集散地，泸县市场主要吸收相邻县份及云南、贵州输入的鬃毛。该市场每年汇聚白毛约十五六万斤，黑毛三四万斤，总价值37万元。泸县市场有山货业同业公会，经营猪鬃的行店四五家，资本3000元至5000元不等，小贩400余人以上，资本微末，居处无定，皆系专赴乡间收买生货，转卖于各行店。当地业经纪者100余人，专负责猪鬃买卖的介绍。买卖双方通过经纪人价格说合后，在同业贸易所进行交易。[②]由于泸县山货店，能代客挪借款项，故白毛运至该县较宜宾为多，白鬃到达时，因其名贵，9/10直接售与日本行家，余售与渝商转运重庆。[③]

宜宾，位于岷江与长江的交汇处，为川滇间的交通枢纽，石门道起点，成都平原的门户，凡岷江流域及金沙江流域的货物，都以此为转运的机轴。川南一带广泛流传的民谣，"塞不完的昭通，搬不完的叙府"，就是宜宾物资集散功能与转口贸易功能的最好写照。该地集散之黑毛，每年约二十三四万斤，其中云南出品占7/10，四川出品占3/10，每

---

① 川康鄂调查：《乐山猪毛贸易调查》，《贸易月刊》，第2卷第8期，1941年3月。
② 《泸县山货调查》，《四川经济月刊》，第4卷第2期，1936年3月。
③ 《泸县猪鬃业》，《四川月报》，第7卷第6期，1936年8月。

年冬至节后，邻县山货客及滇商陆续运毛到宜，次年废历正，始完全登市，卖与重庆帮，转运渝城；白毛，每年三万斤，概为荣县、威远、富顺、自流井的产品，运销时间与黑毛同。唯各地运到宜宾之货，仅留十分之二，余十分之八，则运往泸县，由渝帮转运重庆。战前共有三家洗房，即号称川南王刘星亭的仁和字号，彭载阳的鸡牌洗房，刘九师的成益银行所办的大华鬃厂。①

成都，位于川西平原，交通便利，山货贸易甚为繁荣，猪毛来源甚广，集散量为川西之冠。其生货来源包括川西平原邻近30余县，如行情坚挺来源稍远，东至简阳、资阳，南至雅安、名山，西至灌县松潘，北至绵阳、广汉，加上乐山，习惯上称东西南北及顺河五路，货物来源以北路为最多，且质量好，唯长鬃较少；南路次之，但此路鬃毛长短均匀，条根粗硬；东西路来货又次之，且质量较差；而顺河最少，各路鬃毛均为黑色，年集散猪鬃1500担。②战前，成都猪鬃加工业极不发达，是故生鬃在此集散后，均需销往重庆。正因如此，该地猪鬃商业极为发达，从事猪鬃交易的商户较多，据《山货商登记与伪政府批示》所载，民国十二年（1923）登记从事猪鬃买卖的商户共64家，分布于中新街、上中路大街、外东司隆街、外东后河边街、外东天福街、外东香巷子、外东芷泉街、武坚街、陕西街、青石桥等多处。③这一空间布局，是由蓉市猪鬃"交易市场"位于东门外一带所决定。从资本数量及构成看，经营商户的资本额大致在数百元到数万元之间，1000元以下占63%，1000~2000元为14%，2000~10000元为15%，10000元以上仅为8%。经营

① 秦积臣：《旧时宜宾猪鬃业务》，《宜宾文史资料选辑》（8），宜宾文史资料委员会，1990年，第132页。

② 游时敏：《四川近代贸易史料》，成都：四川大学出版社，1990年.，第269页。

① 《牛羊皮猪鬃业登记与伪市府的批示》，公商：2209，成都市档案馆。

形式有独资与合股两种，其中，合股经营者有42家，独资经营有22户。①
一般而言，独资设店者资本较少，大多数百元，如新都人赵吉山申请设
"赵吉山记"的商业登记书的资本仅200元。独资资本最大者为李益民设
立的"永兴福"，营运资金5000元；而合股经营资本相对较大，如金舜
泉等52人合股开设的"公益行栈"，资本总额达2万元。股本的构成，出
资50元者为9人，100元16人，250元20人，500元9人，1000元4人，1500
元2人，2000元1人；郫县人李克永等42人合股，于皇城边街168号开设
的"永瑞记"，合股资本为5万元，股本构成与前者类似。②其次，从商
家的营运性质看，大多商户只不过是充当中介作用的堆栈和中路，猪鬃
只是其经营的山货品种之一。猪鬃的中介利润以"一担猪鬃从成都到重
庆，预付成本90元，脚力10元，成华出口税18元，装运器2元，抵渝价
150元计"，利润大致为30元。③山货同业公会设在老东门芷泉街东升茶
园。战前市内仅有外东梅姓洗房一家，规模甚小，山货同业公会设在老
东门芷泉街东升茶园。当各路猪鬃在外东落店后，由从属经纪行户之100
余经纪从中居间，介绍购买，交易地点在东升茶园和亚东茶园，每日交
易有午晚两场，午场约在午前12时，晚场约在午后5至7时。④

　　万县，为川东的另一经济中心，是一个以转口贸易为主要功能的城
市。1917年开埠通商，设立海关后，成为四川仅有的第二个对外贸易商
埠。其贸易额约占川省对外贸易的20%左右。其出口商品中，猪鬃是次
于桐油的大宗出口商品。

　　万县猪鬃来源，以下川东的云阳、奉节为主，约占集中生毛的

② 《牛羊皮猪鬃业登记与伪市府的批示》，公商：2349，成都市档案馆。
③ 《牛羊皮猪鬃业登记与伪市府的批示》，公商：2349，成都市档案馆。
④ 张临国：《成都市之鬃业》，《四川经济月刊》，第1卷第5期，1933年。
① 谭寿清：《成都经济》，《经济汇报》，第5卷第9期，1941年。

50%，云阳为城口、陕西、大宁等地为集中地，每年集中400担；奉节集中200担。两地集中猪鬃均由木船运万，云阳至万县路程120里，抵达万县需时3日，猪毛每百斤运费2~3角；奉节至万县路程280里，抵达万县需时5~6日，猪毛每百斤运费4~6角。此外，万县南岸的黔江、彭水、利川、来凤、宣恩、恩施、咸丰，西面的忠县、丰都、涪陵，北面的开县、开江、梁平等地皆有猪毛零星运万，其比例比例分别为30%、8%、8%。[①]各路猪鬃到达万县后，并不直接与出口行接洽，而是由经纪人居间说合，每日7时至10时，在三马路利生茶园里与买主交易，交易后，经纪人获佣金每担2元。

1931年前，万县集中的猪鬃均系生货，故直接由万县出口甚少，年均出口在250担左右，大部由重庆商贩收购后，运往重庆洗制；1931年后，万县洗房业开始兴起，出现了协同长、屏臣祥、协兴公等三家洗房。由于这三家洗房规模较大，基本上可吸纳外地运抵万县的全部猪毛。此外，由于万县无经营猪鬃外销的字号，洗房兼营出口成为万县洗房业的特点。[②]到1935年，万县猪鬃出口贸易有了较大的发展，当年出口的猪鬃为1712担，价值977086关平两。

3. 中心市场——重庆

中心市场是区域内工商业最发达的中心城市，或一省或数省商品集散中心。作为区域市场的最高层，通过与国内其他经济区及国际市场的联系，起到传送信息、调配货源、洗制包装、运输出口的重要功能。

重庆开埠前，四川的综合市场在成都。重庆开埠后，随着外贸的发展，四川经济中心逐渐东移，地处长江与嘉陵江交汇之处的重庆，因其

---

② 《万县重要山货贸易》，《贸易月刊》，第1卷第23期，1940年2月。

③ 平汉铁路经济调查处：《万县经济调查》，1937年1月，油印本，四川省档案馆藏。

得天独厚的地理优势，取代成都，一跃成为四川乃至西南的经济中心，成为长江上游进出口贸易的中心城市。"滇、黔、甘、陕、康邻近川省各地之进出口商品，亦多以重庆为转运口岸，故商业之盛，西南各都市中，殆无出其左右者。"

重庆为四川最大出口商埠，四川猪鬃业为山货业之一部，业者多兼营羊皮，故集中地点亦在重庆。猪鬃进出重庆基本上靠长江及其支流的木船航运，"集中重庆之猪鬃，90%由木船运来"。[①]川南荣昌、隆昌、合江等地猪鬃沿沱江运至泸县，加工后经长江抵渝；川西雅安，天全等地猪鬃沿雅河用竹筏运至乐山集中，沿岷江入长江到达重庆；川东北之巴中、达县、广安猪鬃，则分别沿巴河、舟河、渠江，流入嘉陵江的南充，整理梳制后经嘉陵江到渝；川东酉、秀、黔、彭等地之鬃则由乌江转龚滩出涪陵以达重庆。水运不仅快捷，而且运费只有陆路运费的1/5~1/4。[②]所以，就当时的运输条件来说，水路是商人们最乐于采用的运输方式。

作为长江上游最大的猪鬃出口商埠，重庆以其功能齐全、流通规模庞大而著称。重庆设有海关、商品检验所、猪鬃同业公会、猪鬃加工厂、牙刷厂、字号、中路、堆栈、经纪等管理机构和流通组织，年集散四川各地及滇、黔、甘、陕等省的猪鬃约3万担，经各洗房洗制加工后，再由海关输出，输出数量约为18200担，其中黑猪鬃15000担，白猪鬃3000担。空间分布上，猪鬃加工厂多散处于重庆南岸龙门浩、弹子石；字号多分布于城区小较场、杨柳街、文华街；中路，多分布于林森路，除少数向外地自行购货外，大都就地买卖货品；堆栈，多分布于林森

---

① 张铠：《重庆重要出口产品概况》，《贸易月刊》，1卷8期，1939年12月。
② 《万县重要山货贸易》，《贸易月刊》，第1卷23期，1940年2月。

路一带，专代来自贵州、叙府、万县等地的猪鬃售卖；经纪，为个人执行介绍业务者，分布于林森路、陕西路、东华观巷等处。外地猪鬃到渝时，须按照行规进行交易，交易地点设有三处：一是林森路329号山货茶馆，猪鬃从业者多在此赶场，商谈交易，灵通行市，场期每日清晨至正午11时；二是东华观巷21号牛羊皮猪鬃同业公会所附设的茶馆内，茶馆不取茶资，供会员商谈交易，联络感情，讨论会务，场期亦为每日上午；三是林森路清心茶馆，此处交易以外地到渝的熟鬃为主，生鬃交易间亦有之，场期亦为每日上午。[①]至于交易费用，除3%的交易佣金外，生鬃交易前，搬运费、保险费均由货主担负，既成交后，则归买主负担；熟鬃例由卖主送达，费用亦由卖主负担。生鬃交易完成后，由洗房洗制，加工为熟鬃，然后装箱，以备出口。熟鬃经海关出口前，须由猪鬃商品检验所派人对出口猪鬃予以严格检验，判断是否达到合格标准，如已合出口的标准，即可报关，经海关查验无误后，就可装船，运往上海，出口外洋。

4. 销售市场

我国经济落后，毛刷工业未出现之前，中国猪鬃均销往国外工业发达的国家。五四运动以后，"提倡国货之声浪日高，各种日用品之制造，均见萌芽。当时有志之士，赵铁桥、常必诚、黄恢权，在国外机制毛刷用品返销国内的刺激下，毅然首创机制牙刷厂于上海。"因此，20世纪20年代后，我国猪鬃销售流向从单一的国外市场，演变为国际和国内市场。但国外市场是主体，国内市场是辅助。

（1）国外市场

猪鬃是一项重要的出口商品，早在19世纪50年代即有外商在广州等

---

① 钱英南：《重庆市猪鬃运销概况》，《中农月刊》，第3卷第6期，1942年6月。

地组织出口，唯当时猪鬃以杂货形式输出，输出数量和国别，海关未见记载，故无从考察。80年代后，随着中国广大的内地市场先后被卷入资本主义市场体系，众多农产、畜产品贸易在国外工业市场拉动下开始勃兴。

"猪鬃"一词开始出现在海关贸易报告中，《1883年天津海关报告》说，由于英国和欧洲大陆市场的需要，货品是从北方很远的地方运到天津，出口英国，并且从目前贸易的情形看，出口可能将每年继续下去。同一时期，汉口因地处江汉广袤农业区域，农产物贸易在国外工业市场拉动下开始勃兴，成为长江中游农畜产品的集散地，在其辐射下，四川猪鬃贩往汉口，由当地潘祥记、汇记等华商商号转售英商华昌、宝庆、天祥等洋行。在汉口海关出口商品中，"猪鬃乃是对欧洲输出不断增长的一种商品"。当时来华远洋班轮多停靠上海，因此，天津、汉口一带猪鬃大都运到上海装船出口。

1885年，天津海关报告首次有猪鬃输出数量的记载："本口岸的主要商品猪鬃、草帽鞭、羊皮等，经由上海转口运到英国，且当年输往英国的猪鬃为3351担。"到1887年，由于英国方面需要殷切，加之按外销方式拣选猪鬃的许多困难，似乎终于已经彻底克服了，出口英国的猪鬃增加到5678担。更为重要的是，这一时期中国猪鬃在国外的影响及价格都有很大的提升，市场有了较大的开拓。这种情形，在姚贤镐编的《中国近代外贸易史资料》有如下记载：

过去三年来，所有中国标准的"牌号"，在伦敦及其他中心市场的价格已经不断地增加。而最令人满意之点，则是中国猪鬃在贸易中受到应有的注意。中国猪鬃如果拣选适当，销路是会畅销的。同时它在德国与美国市场比以往更受欢迎。可以断言，中国人将尽一切努力，自过去从未到过的内地把猪鬃运出来，不远的将来，中国输出的猪鬃将会大增。

1891年重庆开埠后，猪鬃成为洋行开发的重点，这年568担重庆猪鬃，由洋行转运上海出口英国。1894年，猪鬃首次被海关列为专项统计商品后，从海关记载中可知四川猪鬃多以英国为输出国。嗣后，随着欧美机械工业的发展，四川猪鬃开始源源不断运销美、法、日、德等国，并且1896年四川猪鬃已在美国纽约博得善价。1909年，日商新利洋行控制四川猪鬃市场后，将其所购白鬃几乎全部输往日本，由三笠商会利用滋贺县境内的琵琶湖之水梳洗后，再运销美、法、英、德，比例分别为20%、30%、15%、15%。

1912年辛亥革命后，西方各国因军备竞赛，猪鬃销路渐广，求购猪鬃的国别大增，四川猪鬃也开始部分输往安南、印度、中国香港、丹麦、荷南、俄国、奥地利、朝鲜及南非洲一些国家或地区。在猪鬃输出的国别中，1925年前，英国为输入最多的国家，其次分别为美国、日本、德国、香港、法国。1925年美国取代英国，一跃成为最大输入国，英国退居次席。"二战"爆发后，猪鬃产地多陷敌手，全国猪鬃货源主要依靠四川，每年由重庆出口猪鬃约2万担。按中美政府易货贸易贷款协议要求，猪鬃绝大部分输往美国，1939为57%，1940为77%，1941为76%，余者销往苏联、英国。

值得注意的是重庆猪鬃出口海外的途径，除少数直接由重庆输往外洋，绝大多数都是由上海和汉口两埠转口输出。而上海为最大的猪鬃转口市场。

汉口成为重庆猪鬃输往国外的转运口岸，主要基于交通及费用的考虑，且集聚于汉口78.8%的货物还须向上海复转口。因此，可推知汇聚汉口的部分重庆猪鬃最后仍要经上海转口输出。

上海成为最大的转口市场，则是基于其巨大的经济辐射能力和对外贸易中心的地位。蒸汽航行于1922—1932年占据长江上游水道的首要地位后，西部内地出口的土特产都不必为节省运费而在汉口或是宜昌换船，重庆与上海的区位距离因为长江航运的根本改善而得以跨越。

当重庆出口的猪鬃到达口岸后，一般售与当地的中间商人，再由他们转售洋行出口。例如，著名的"虎牌"猪鬃，为重庆古青记所经营，而古青记也只是收货加工，整理成箱，通过上海的川帮字号"叶伯记"转售欧美洋行出口。而上海的出口洋行，则只需联系国外客户，就可非常简易而稳妥地取得5%代理佣金，坐享其成。

（2）国内市场

我国毛刷业，始于20世纪20年代，以上海、广东等处为最发达。毛刷制造之原料甚多，唯猪鬃之性质，强韧耐久，富于弹力，受干湿的影响极小，故为各种刷料中之上品。白鬃漂白后，为纯白色半透明体，状极美，最适合制造牙刷。

1920年常必诚于上海创建一心牙刷公司，以白猪鬃为原料加工生产牙刷，开创我国以猪鬃为原料之机制毛刷业的新纪元。唯以事属创举，几历艰辛，幸主事者苦心奋斗，终告成功。随后家庭社、梁新记、双轮、振宇记等亦效仿一心厂，购入马达、定长机、剖骨机、磨板机，组建牙刷厂，以四川白鬃为原料，从事牙刷的生产与制造。当时，在国外市风的影响下，沪市居民于卫生方面，渐渐注意，而口腔卫生，亦始加讲求，是以一心公司的"一心牌"、家庭社的"无敌牌"、梁新记的"双十牌"、振宇记的"葫芦牌"等新式机制牙刷在上海及临近地区销售较为良好，"通都大邑之人民，莫不人有一牙刷矣"。

在上海毛刷业的影响下，天津、汉口、青岛等制造业发达的城市也开始建厂购鬃从事刷具生产。1925年四川第一家手工制刷企业"大中"牙刷厂在重庆南岸告以成立，每日可出牙刷100支，主销于渝城。1928年8月，商人李流芳投资1500元，在重庆南岸下龙门浩周家湾设立中华牙刷厂，使用机器生产牙刷，每月出品约1800打，开启了四川机器制刷的先声。30年代后，随着重庆市面繁荣，人口稠密，日常生活所必需的清洁工具——毛刷之制造，乃随环境的需要而大量生产。1932年，天成裕黑毛厂开工，雇工60余人，利用黑猪鬃制造毛刷，年耗黑猪鬃近100担，为当时省内规模较大的毛刷企业。到1937年时，重庆制刷企业发展为11家，年产牙刷100万支以上。其中，规模较大且使用机器制造的有明星、新生、中华、华西四家，月产牙刷分别为2000打、30000支、1800打、800打。

我们也可看到，渝市牙刷业虽有所发展，但各牙刷厂资本均尚薄弱，牙刷产量不多，耗鬃自然就少。并且各牙刷厂制造牙刷多采用手工，使得所制牙刷"式样既笨，品质亦劣"。因是之故，"外观美丽的日本机制牙刷仍大批进口，国人甚乐用之，刊有西文的舶来品——卫生牙刷大量摆放于诸大百货公司与药房中"，与之竞争的国产毛刷明显处于劣势。

有鉴于此，为谋求行业的改良发展，维护同业共同利益，扩大牙刷工业的影响，使广大市民了解、使用国产牙刷，1936年12月，在李流芳等人的倡议下，重庆市牙刷工业同业公会告以成立，会议事务所设于重庆保安路川盐一里7号，李流芳为第一届同业公会主席，渝市牙刷工业开始步入规范的发展轨道。相比之下，成都牙刷工业起步较重庆为晚，据1937年调查为31家，但这些工厂规模极小，均为手工捆绑制作，与其取之为"厂"，不如称之为"作坊"更为准确，它们大多是卖杂货的，因收入不足，借着扎牙刷的副业，来补助他们的进款，所以这些工厂消耗的猪鬃极其有限。

由上可知，19世纪20年代后，牙刷工业的兴起及发展，猪鬃开始被国内这一新兴产业所采用。但由于中国经济落后，加之绝大多数人民的卫生观念滞后，不注重口腔卫生，制约牙刷工业的进一步发展，也影响了猪鬃在国内的销售。

三、山货同业公会的成立及贸易章程的制定

商业贸易的发展与壮大，既需要外部力量的推动，更离不开行业经济组织的完善和管理体制的健全。行会、商帮是传统城市中的主要经济组织之一，是商品经济发展到一定程度，伴随着商品和竞争而出现的。通过它，才能维护商人团结，协调内部秩序，阻止外来竞争，保护同业利益。

据《四川之山货业》一书记载，四川猪鬃作为商品输出开始于咸丰年间。但在相当长的时期内，因猪鬃并非出口的大宗，经营猪鬃的商贩并未组建单独的行会组织，也无渝市猪鬃帮之名，当时猪鬃、牛皮、羊毛等山货商品属于"药材帮"附带经营之货品。因此，营猪鬃者概加入药材业的行会组织公庆会，以图"互通声气，估摸行情"。

重庆开埠后，猪鬃等工业原料品成为外国洋行争购的对象，猪鬃产业获得了一定的发展，业务量日臻扩大，从业人员不断增多，营猪鬃者渐有脱离"药材帮"而自成"猪鬃帮"的趋势。光绪三十二年（1906），汪义之、李绍堂、方柄荣等发起并联合渝市众多经营字号、行栈、中路的猪鬃商人，以"捐资兴会，定规入庄"的方式，成立渝市猪鬃帮"聚福会"，成为渝市最早的猪鬃业的行会组织。

"聚福会"成立后，鉴于会员籍贯大多来自广帮、汉帮、津帮、川帮等商帮中营猪鬃者，为维护同业利益，防止不对称竞争，约定帮内各种事务，由会员互推的值年会首"邀集阖帮司友学徒众揣妥议，若有违反，则照公议章程受罚"。例如，针对"洗房生里帮工良莠不等，毛常

被窃，散漫难以防范，阉帮酌议兴会给奖，以杜掣漏之弊，阉城张贴广告，俾众咸知，如遇洗净猪毛发售，无论何人，拿获给奖银20两。"宣统元年（1909）六月，本帮司友杨炳生在小梁子邓元泰铺拿获洗净猪毛40斤10两，经聚福会问询，元泰称系洗房雇徒邓子明窃货卖出。本帮贸工资最厚，何堪窃害，不禀严究，势必帮贸暗亏，漏资无底，后弊愈生，是以将雇徒邓子明移交县衙，与杨炳生奖银20两，并晓谕阉帮，指实奖惩，以杜串窃而维商贸。

但对于大多同业纠纷，猪鬃帮聚福会在协调处理时甚感困难。宣统二年（1910），毛贩赵兴盛由经纪邱辅臣介绍，将价值为900两的猪毛1300斤出售义盛祥洗房的邓华堂，原议货到银回。但交易后，双方随即产生纠纷，据赵兴盛称，邓华堂预蓄拖骗，掣货过手先后仅付银500余两，余下300余两，由其出票，诈以两月为限，到期还清，但期限已过，分厘未给，致使小的损失巨大。但是邓华堂则大喊冤屈，称今6月遭经纪邱辅臣套小的买赵兴盛的猪毛1300余斤，交售500余两后，约定所欠，月底给清，不料小的遭遇贼窃，失去银两200两，至今寻拿未获，家皆咸知，以致由此无银偿给。邱辅臣趁机向小的套银20余两，并串通郑子荣等为小的过质出票，耽承期现，包小的缓期交兑。而邱辅臣则宣称，已仅为经纪，撮合交易，获取佣金，并无出具欠票，担保交兑之义务，此系义盛祥洗房邓华堂赖银之托词。对此纠纷，聚福会真假难辩，只好将此讼交与官府。

此外，聚福会对行业最为忌讳的"私招学徒，贪索谢金"之事也深感无力为之。为杜绝这一弊端，聚福会尽管多次就禁招学徒之事召集会众进行公议，但收效甚微。一些会众在"招徒一名可索取谢金二十两"的利益驱动下，屡犯此条，而不顾及对同业造成的危害。宣统元年（1909）4月，同业商人陈文庆、宋文彬违反帮规，"滥招学徒七十余名，获谢金1400余两"，扰乱猪鬃市场。而学徒以"缴金为倚，辄外滋祸，乘掣货滋累"，引起同业的不满。猪鬃帮聚福会对此事进行了多次调解，但由于同业商人都直接或间接为洋行出口业服务，同业商人之间关系缺乏某种维系的纽带。因此，"聚福会"难以对违规的同业采取有效的制约手段，调节以无效告终。在迫不得已的情况之下，同年7月，猪鬃帮值年"德合祥"以陈、宋二人滥招学徒肥囊，且学徒贤愚不一，不安守分，为祸乡里的罪名，禀状向官府控告，以求公道。

从以上事件可看出，以行业组织形式最早出现的"聚福会"，在维护同业利益、处理行业内部纠纷、约束帮内会员等方面的作用有限，一遇贸易纠纷，章程尽废，均由巴县大堂裁决。

民国以后，列强扩军备战，加大了对军需品的需求，为四川山货输出带来了大的发展契机。为满足世界市场的巨大需求，洋行加大了对四川山货资源的掠夺，其中猪鬃、牛皮、羊皮、羊毛等战争物资的输出进入了开埠以来的高峰期。在此情形下，重庆山货商人经营的山货品种开始向"皮毛"山货倾斜，猪鬃、牛皮、羊皮成为山货商人的主打商品。与此同时，猪鬃商人经营的业务重心也开始从传统的中路业、行栈业向洗房业、出口业延伸，一些规模较大、资金雄厚的商家已经具备了绕过重庆洋行，直销上海甚至海外的实力。在此背景下，猪鬃帮"聚福会"整合行业内部事务的能力，已不适应四川猪鬃业发展的需要。

1914年，猪鬃商人张荣廷、石荣廷、周德珊、周治权、王青云、宋成三、宋文彬、彭鹤楼、赵朗云、张树权、扬子渊、吴柄辉等12人在重庆东华观33号成立山货皮毛同业研究会，选举张荣廷为第一届会董，会员以皮毛商人为主。该研究会与前期的聚福会相比较，会员的范围有所扩大，并且发起人均为各业中的强力人物，在商圈内有较高的威望。是故，众多同业商人纷纷入会，入会手续甚为简单，仅将牌名、经理人姓名、资金数量，向研究会注册，并缴纳庄金票银一锭即告完成。

至于交易所用的度量工具，以研究会制定的"公秤"为权衡标准，由研究会制造分发入会会员。银规秤规，均沿用以前"聚福会"之旧例。因此，研究会成立后，在贸易协调和行业管理方面发挥了一定的作用。

1924年6月8日，遵照部颁《工商同业工会条例》，山货皮毛同业研究会改组为皮毛山货帮同业工会，由张荣廷等人拟具简章，函请前重庆总商会转请前巴县公署立案，经营的商品范围由研究会时的猪鬃、皮毛山货，扩大到包括倍子、生漆、丝茧在内的货品。四川输出货品中，山货约占23%、桐油占20%、生丝占15%、药材约占12%，重庆山货业成为与盐业、钱庄业、匹头棉纱业并列的四大商帮。

1927年南京国民政府建立，着力于从"革命的破坏"转变为"革命的建设"，力图加强对同业公会的整理改组与法规建制，于1929年8月颁布了新的《商会法》和《工商同业公会法》，同时要求各地同业公会在整理改组之后重新注册备案，由此确认其合法地位。1929年12月，重庆市政府发布公告：本市工商人士等须依照国民政府工商同业工会组织法及施行细则，限3个月内一律依法改组呈报设立。

1929年12月20日，由石荣廷、周介眉等人牵头，联合山货各业的头面人物，在重庆市政府市党部的指导下，成立筹备会，拟具了同业公会成立的章程草案。1930年1月15日，筹备会在重庆东华观巷33号，召开了由全体会员参加的成立大会，宣布重庆山货帮同业公会改组为重庆市山货业同业公会。同业公会的成立，突破传统公商"行帮"的组织构架，迈开了由传统的同业帮会向现代意义的同业公会这一新式同业组织的转变。公会依法成立后，能否达成"增进同业之公共利益，及矫正营业之弊害"宗旨的实现，完成公会成立章程规定的八项基本职能，成为组织自身兴衰存废的关键。从公会成立时制定的《重庆山货业同业公会章程》和《重庆市山货业同业公会业规》的内容看，为达成上述目标的实现，同业公会从多方面进行了努力：

首先，组建了较为完整的组织结构，强化其法人社团的主体地位，对会员的权利及义务作了明确的规定。

章程规定，同业会员大会是最高权力机关，由入会的会员构成，下分设执委会和监委会；会员大会闭幕时，由执委会执行一切会务，监察会负责监察。同业公会主席总理内外一切事务，常务委员轮流值日处理日常事务。各常务委员虽均为名誉职位，但因办理会务得核实支给公费，以提高工作效率，强化工作职责，为使工作高效率地开展，主席及常委会下设有事务所、交际股、调查股、财务股、教育股、文书股，具体负责办理各项事务，事务所主任及各股股员的雇佣由委员会决定，他们也有一定的薪资。

在权利上，凡加入公会的会员享有提议权、表决权、选举权、被选举权等。同时，在秤规银规上，亦享有一定权利，会员买货，概照九九一交付货价，如货售与非公会会员，其货价则照十足算收，不得享有九九一利益。至于义务，会员在交易中，除应遵章守规之外，缴纳会费为会员最为重要的义务。山货业同业工会的会费有入会基金、常年费、临时费三类。入会基金由新加入的会员一次性缴纳，其中，入字号者纳洋84元，入洗房者纳洋70元，入堆店者纳洋56元，入中路者纳洋28元。常年费照会员每岁营业总额比例负担，其具体办法为，堆店、中路于营业货价内扣2‰为公益捐；洗房成货每箱捐洋4角；字号出口货以不同配箱货价的高低，从1角到4角不等。临时费为遇有非常事件发生超过预算时由会员大会议决筹集的经费。

其次，联络同业，开通智识，研究商情。

重庆山货业长期受控于外国洋行，主要在于洋商挟近代化的观念、组织、技术手段和雄厚经济实力，传递商情信息迅速准确，对市场需求反应灵敏快速，从而使华商长期陷入仰人鼻息的尴尬境地。故而，石荣廷、周德珊等老一辈猪鬃商人较早切身体会到了掌握商情信息对于商场竞争胜负的重要意义。他们认为："调查与交际，犹如人之四肢，能竭其股肱之力，而后事克有济。"有鉴于此，改组后的同业工会特设立调查、交际两股专司其职，并通过公会下设的"东方通讯社"以及相关报刊等媒体传递有关猪鬃的商业信息，把行业规则的执行情况、各号经营状况、有关营业统计、市场价格变动及需求信息作为自己关注的重点，以此为同业提供相应的指导与帮助。具体说来主要表现在：

第一，价格方面。市场价格是生产与消费的调节器，价格的涨跌对贸易的兴衰、商人的盈亏具有重大的影响。自1891年，四川省猪鬃产业兴起以来，因商人不谙商情，贸然出手交易，致使折本亏损之事时有发生。光绪二十九年（1903），永川人李春林以猪鬃售价甚高，特向立德乐洋行借票银200两贩卖猪毛，不料交货时猪鬃价格下跌，洋行不能收货以致所欠银两虚悬，难以归还，酿成诉讼。最后，李春林只好变卖家产以抵亏折。同样，宣统三年（1911），王小云所开云峰隆洗房，见当年熟货价高，向徐恒源祥等字号借款3000余两，买进大量生货，希望来年大赚。不料辛亥时局动荡，鬃价大跌，不仅造成洗房到号，还被迫卖掉所置房产，以偿欠账。进入民国后，中外经济往来更加密切，信息较之过去有了很大的改善，但因价格变化，判断失误，引发商家倒闭、破产仍未禁绝。1927年4月，裕厚长商号收购大批猪鬃、羊皮，雇船运销上海，但恰逢战乱，无人收购，市价猛跌，裕厚长商号亏本倒闭。有鉴于此，公会成立后，研究商情，定期在经济刊物上发布猪鬃等山货的价格信息，成为其服务会众的重要举措。

至于四川各产地原庄猪鬃价格，则由山货业同业公会派往各地的调查员调查汇总后，呈报公会，然后由公会通过报刊媒体予以公布。例如，《四川经济月刊》在商业信息专栏中刊载，1934年1—7月，遂宁每担黑鬃最高为37.15元，最低为32.83元；白鬃最高为331.08元，最低为303.34元。达县100斤鬃毛，黑鬃最高16.4元，最低15.6元；白鬃最高71元，最低63元。《经济汇报》则发布，合川生鬃的价格，视重庆市价为转移，黑鬃每担约低于重庆5%左右，其由本城洗房向小贩屠户活动收进者，每担则约低于重庆市价20%。太和镇生鬃交易，以原庄为标准，各路货价之差，常有倍许。约言之，本地产毛，较之中江来者，每担低20~30元，较之中霸来者，约低50~60元，最高为106.82元，最低为53.07元。有了这些产地与销场价格的比较，各级商人就能够依据相关信息，大致估算其能否赢利，从而决定贸易的规模，避免盲目交易可能导致的损失。

第二，市场分析方面。重庆开埠以来，正值世界工业发达之际，原料品的需要量至大，且不容供应稍缓，这为四川猪鬃的开发提供了较有利的外部市场环境。但猪鬃贸易属于一种外向型贸易，市场波动性较大。众多商家贸易失败，几乎无一不是对市场缺乏了解，盲目投资所致。因此。对市场进行分析，预测贸易发展趋势，是公会劝商、办商服务，促进产业的兴旺发达的重要工作。公会成立以来，此项工作的开展一直受机构不全、人才匮乏、经费紧张等诸多因素的制约。尽管如此，公会还是在力所能及的范围内介绍商情，依据国内外时局的变化，对市场进行了一定的预测。同业公会研究了1931年猪鬃市场行情后，认为"当（民国）20年下季，川中扰乱，出口停滞，国外市场需要迫切，本年（1932）开盘，价值必将较上年开市时增加40%以上。但至年终，按惯例，国外需要者疲落，市价必降，加之内地捐税21年将增加

20%~30%，不无妨碍营业"。1934年初，同业公会对市场预测，认为因申汇持续走低，尤与出口贸易相符，春间猪鬃在沪必售价甚高，贸易活跃。正如预测所料，当年不仅"27号头"黑白鬃远售欧洲、日本者，而且短鬃"扎子"也不感销路疲乏，远销德国，共创汇349万元，为四川猪鬃贸易以来输出价值最高的年份。但从1935年起，四川遭遇了空前的旱灾，引起各地饥荒，川民饥殍遍野，死亡枕籍，尤产猪大区川南、川北、川东灾情最重。由此公会认为，猪鬃贸易将呈不振之景象，因收货困难，厂家有收歇之举。

以上预测并非都能准确把握市场的变化走势，甚至可能出现与市场走势相反的偏差，但此项工作表明同业公会在现代化转型的过程中，力图遵循经济活动内在的运行规律，对某一经济活动作出最为合适的指导。

第三，行业状况及营业统计。开展行业状况调查是了解行业发展状况以及经营好坏的前提，也是公会为商家提供有利于增进商品经济发展的重要依据。1930年山货同业公会成立时，各业经营商家共有114家，构成为洗房58家、中路26家、行栈13家、字号17家。资金总额近30万元，其中，字号11.3万元，行栈5.45余万元，中路3.8万余元，洗房8万余元。到1937年，营运山货的商家增为149家，8月3日松沪会战爆发后，倒闭破产47家，余下102家，其分布为字号17家，行栈19家，中路24家，洗房42家。资金总为561200元，字号33.1万元，行栈12.22万元，中路4.1万余元，洗房6.7万余元。纵观7年来渝市猪鬃业的发展，商家总数与过去相比并无多大的变化，但行栈业与字号业的发展极为明显，资金规模较之过去有了很大的增长。行栈业的发展，说明猪鬃异地流动规模不断扩大。而字号业的发达，则说明了猪鬃出口贸易的兴盛。

最后，制定猪鬃之业规，严格交易程序。

业规作为同业的契约，是商品经济发展到一定阶段，行会为加强内部控制、维护市场秩序而议定的交易规则及营业习惯。在商人心目中，自己所订的这些"业规""规章"等，与国家的"律""例"是具有同样效力的。因此，业规是同业共同遵守的原则，成为商品交易井然有序的必要条件。

重庆市猪鬃业按其性质，分为出口业、行栈业、洗梳业、中路业。但长期以来，由于各业之度量衡、入行规约、议事制度、扣秤办法的差异，致使各业交易混乱，纠纷不断。山货同业公会成立后，为理顺各业的关系，克服交易的无序，促进业务的发展，随即出台了有关猪鬃之业规，对以上四业的贸易运作，作了明确详尽的规范。

第一，业规通则明确规定，为限制行业内部的交叉竞争，入山货业者，"只能在出口业、行栈业、洗梳业、中路业四部分营业中，专营一部，不能兼营它业，以杜流弊"。同时，通则还要求停业或复业的会员或商家，在实施其行为前应及时报告公会登记，履行相关的手续，以维护贸易的正常秩序，特别防止商家于停复之间，发生顶替，或因无人负责，或因假冒牌名交货，或以停贸牌名代人交货种种弊端，害于同业。

第二，出口业规定，猪鬃花色以"27号头"为配箱，不足配箱，以随花色议价，如认为工作不良，尺码不足时，应退货不收，禁止输出。但若收货人有故意刁难挑剔情事，得报由公会评议解决。此外，鉴于出口之货多以期货为主，出口商定售预货须交付定金，并在交单上批明双方同意条件及交货付款日期，如逾期不为履行，得报告公会，照本业业规第9条，由违约一方负赔偿责任。但因人力不能抗拒之事，如罢工、天灾、兵匪，致令逾期者不在此列。

第三，行栈业规定，行栈业纯系代售客货，负有售价公平任务，其在可能范围内亦可与货客垫款。买卖成交后，应即发货，货物出栈后，如遇天灾事变，发生损害，概由买方负责。若买方有特殊情形，不能发货，暂存栈中，时间不得超过3个月，且按大件3角、中件2角、小件1角的标准收取栈租，期间若发生了买方倒骗拖欠，由经手的行栈负责清收。

第四，洗梳业规定，商家设厂洗梳黑白猪鬃，应守公会定章，以取一致行动，不得单独或少数，订立特殊工价或工作契约，以杜操纵。1934年1月，鉴于所洗猪毛来源混乱，该业补充规定不得洗梳其他未入会之生毛，违者凭众议处。同时，为防止偷漏之事件发生，洗梳工厂应遵照训政部的通令，设立稽查处，对于出入工人，如有形迹可疑者，得由厂方检查之。①为保证加工之熟鬃的质量，洗梳工厂，严禁串通工人做冲尺抢码，及皂染黑毛，夹杂其他毛质等弊。此外，为赢得社会公誉，体现工厂民主，每月2日与16日，为付给公假之期，各厂一律休工2日。②

第五，中路业规定，该业是供给出口业之需要。凡遇同业在交易谈价中，前到尚未落盘，后到只能圆成，不得添价争买，以重交易秩序。中路介绍交易时，须核实对盘双方须是否为公会牌号会员，交易成功后，介绍人可按百斤取一斤货价之酬谢。中路业之秤规，售货一律九八秤，买货九七秤，赚秤一斤。

随后，成都、南充、荣昌、隆昌等十二个猪鬃产区的同业组织，也参照重庆市猪鬃业业规，制定了类似的章程。同时，为防止猪鬃无序外流，各产区还规定区域内商贩，"例须加入公会，凭工会所发的会员证向城乡屠工和屠案老板收买；非会员和外来字号，只能向商贩购买。"③

① 《熟鬃主帮整顿各洗房》，《四川月报》，第4卷第1期，1934年。
② 《重庆市山货业业规》，《商业同业公会档案》，全宗：0085；目录1；卷号700，重庆档案馆藏。
① 梁成九：《隆昌县皮毛业情况》，《隆昌县文史资料选辑》（1），隆昌文史资料研究组，1984年，第68页。

此外，为保护中小猪鬃贸易者利益，产区同业工会还于集市设立"贸易所"，专事猪鬃交易，目的是使"俾远道乡间小贩不致受欺，并设秤估价以昭公平"。①

从该会制定的业规内容看，山货业同业公会在合同的签订、货物的发排、货款的折让、欠账的催讨，乃至货物的清仓都建立起一整套严密、规范的行业管理和监督的操作体系。通过这一体系，公会就能够在每一个环节中扮演维护本业共同利益的公证人和执行督察员的角色，显示了通过行业公会来保障同行商业利益、促进猪鬃产业健康顺利发展的积极作用。

② 《泸县山货调查》，《四川经济月刊》，第4卷第2期，1935年3月。

第三节　抗日战争时期国民政府
对猪鬃的贸易统制

　　抗战爆发后，四川猪鬃产业发展所面临的内外部环境发生了重大变化，在政府统制外贸经济的背景下，原有的产业开发模式较之过去有了较大的调整，在贸易方式、开发范围、经营条件、质量标准等方面较之过去有了较大的调整。这种有利于四川猪鬃业的近代化转型，打破四川猪鬃产业封闭的状态，带动西南地区猪鬃产业的发展。

一、猪鬃贸易统制的成因

　　贸易统制是建立在出口商品管制的基础之上。中国出口的农矿产品数量众多，在政府财力、人力有限的条件下，选择何类商品作为管制的对象，对国民政府而言也是煞费苦心。从被选择的猪鬃、桐油、茶叶、矿产四类管制商品来看，它们都具有某些共同的特征：一是大后方出口商品的大宗；二是敌、我双方争夺的战略物资；三是易货偿债协议中指定的商品。因此，猪鬃被政府纳入战时统制物资，无疑与上面三个条件有着密切的关系。

　　首先，猪鬃为大后方出口的大宗商品。

　　20世纪30年代以来，随着国外市场需求的变化，我国对外商品输出结构发生了巨大的变化。一方面，中国传统的大宗出口商品，如生丝、茶叶等，由于技术落后，面对日本丝、印度茶的冲击，在国际市场竞争中的优势丧失殆尽，在中国出口贸易中的比重呈现出进一步下降的趋势。另一方面，在西方资本主义发展及世界列强扩军备战影响之下，国际市场对中国的豆类、植物油、羊毛、猪鬃等农产品及钨、锑、锡等矿产品的需求大大增加，使得这些商品在中国出口构成中所占比重上升，成为中国出口贸易新的增长点。以1936年中国出口商品的前十位为例，括号内数字为占当年出口总额之百分比，桐油（10.34%）、生丝（6.09%）、蛋品（5.95%）、棉花（4.82%）、绣花品（4.39%）、茶叶（4.39%）、锡矿（3.83%）、猪鬃（3.54%）、芝麻（2.69%）、羊皮（1.98%），其总额接近全部出口额的一半。值得注意的是，在这十大出口商品中，30年代前从未进入出口商品前十位的猪鬃，不仅成为中国十大出口商品之一，而且位次逐年上升。[1]据有关资料统计，1935年，我国猪鬃出口价值为1489万元，位居出口商品的第九位。1936年，猪鬃出口价值为1625万元，位次从第九位上升到第八位。1937年，猪鬃贸易并未因战争爆发而有所衰退，出口价值增加到2530万元，位次上升至第七。1938年，尽管日寇封锁长江，运输条件极为困难，猪鬃输出总额并无明显的下降，仍保持在2810万元，位次上升到第四位。1939年，随着川黔、黔滇两公路干线的开辟，猪鬃运输难的问题得到了一定的缓解，猪鬃输出总额上升到4100万元，位次虽有所回落，但仍居第五位。[2]

正是由于猪鬃贸易地位在抗战之前的迅速提升，加之蛋品、芝麻、绣花品等商品，后方产量无多，且在国外市场已失去重要性。猪鬃自然

---

[1] 1921年，猪鬃位次为17位；1928年为13位。见郑友揆：《1840-1948中国的对外贸易和工业发展》，上海：上海社会科学出版社，1984年，第43—44页。

[2] 《中国猪鬃出口国别数量》，载《外汇统计汇编》，中国银行总管理处编印，1951年，第56-58页。

被国民政府贸易委员会纳入其统购统销的视野。猪鬃被纳入统制后，其出口价值也的确如统制机构预计的那样不断增加，1940年的出口价值为9470万元，1941年为13441万元，出口价值突破亿元。在1944年时，猪鬃出口值大增，竟占大后方出口货物总值的41.6%，高居所有出口货物的首位。到1946年，猪鬃在出口货物总值中所占比例虽有所回落，但仍以16.2%仅次于桐油。据贸易委员会统计，在1938—1945年期间，富华及复兴贸易公司共输出猪鬃80871公担，价值达2,554,989,261元（桐油1,379,986,553元，生丝1,687,911,115元，茶291,787,280元）。[①]猪鬃是我国出口农畜产品中商销和易货最多的统制物资。秦孝仪统计了贸易委员会输出的猪鬃数量，再加上一些猪鬃公司自行输出的部分，认为抗战时期，国民政府猪鬃输出应为155303公担，价值应在2亿美元以上。[②]这说明当时国民政府不以猪毛为小，以其作为统制物资是有相当远见的。

其次，猪鬃为敌我争夺的战略物资。

猪鬃古称"刚鬣"，因具有耐酸、碱、热等特点，为近代制刷工业的优质原料。其产品除用于建筑、化工、纺织等行业外，也广泛应用在军事工业上，是洗刷枪炮、油漆军舰、坦克、飞机不可或缺的重要战略物资。因此，一遇战争，猪鬃必为交战双方争购、储存的对象。

正因如此，"二战"爆发前夕，有"世界军火库"之称的美国，加紧了对中国猪鬃的购买。1934年购入猪鬃13240担，占我国猪鬃出口总量的31.5%；1935年购入猪鬃15179担，为出口总量的32.8%；1936年购入猪鬃22844担，占我国猪鬃出口总量43.4%。[③]"二战"爆发后，美国对

① 虞宝棠：《国民政府与国民经济》，上海：华东大学出版社，1998年，第309页。

② 秦孝仪编：《中华民国经济发展史》（中），台北：近代中国出版社，1983年，第664-668页。

① 黄仁动：《最近我国猪鬃对外贸易分析》，《贸易月刊》，第2卷第8期，1941年3月。

我国猪鬃的需求更加迫切，为获得中国猪鬃进口的优先权，1939年美国政府训令其驻华使馆，向国民政府正式提出要求把重庆出口的猪鬃全部运美，以解决其军事工业急需。但当时，苏、英也都急需猪鬃，美国独享猪鬃的要求难以得到满足。为解决猪鬃的来源和分配问题，三国在华盛顿成立了一个机构——战时国防物资供应公司，负责交涉如何从中国取得猪鬃，并协商如何分配，达成了我国出口猪鬃的51.9%为美国所购买的协议。[1]太平洋战争爆发后，美国对日宣战。中国对外的陆路交通都相继断绝，猪鬃出口困难，美国市场出现严重的猪鬃短缺现象。为保证军需供给，美国政府随即把猪鬃列入A类战略物资，与枪炮等同，并颁布《M51号猪鬃限制法令》，规定2英寸以上的猪鬃，全部供应海、陆、空军所需，民间（主要指油漆业）只能使用混合毛刷，并且混合毛刷的使用也必须经政府批准，发给证明，方为合法。[2]同时，为使民众了解猪鬃战时的重要意义，1942年10月，美国军方特摄制电影《毛刷参战》，在美巡回放映，宣传猪鬃在战争中的重要性，要求人民合理处理及使用毛刷。[3]从以上可看出，美国战时对猪鬃的供给非常重视，将其置于极高的战略地位，足见猪鬃在战时的作用。

资源极为贫乏的日本，基于战争的需要，战前也开展了对我国猪鬃的搜罗。战争中必不可少的26种物资中，日本能够自给或大部自给的物资仅为8种，而猪鬃恰为其难以自给的18种物资之一。[4]因此，1934至1936年，日本共购入中国猪鬃16852公担，年均5617公担，较1933年增加

② 余顺福译：《猪鬃》，《贸易月刊》，第6卷第12期，1944年7月。

③ 古耕虞：《以国土待我，以国土报之》，《不尽的思念》，北京：中央文献出版社，1987年，第75页。

④ 王家鸿：《美国猪鬃供应与消费》，《贸易月刊》，第6卷第6期，1944年2月。

① 李宗文：《开展对敌贸易战》，《贸易月刊》，第2卷第9期，1941年4月。

169%，较1930年更是增加300%，为其发动战争作了较为充裕的贮备。①抗战爆发后，国民政府下令对日经济绝交，禁止猪鬃输入敌国，因而输日猪鬃数量狂减，1939年输往日本的猪鬃仅为300担左右。日军为保障军方需要，弥补供给不足，遂通过各种手段抢夺猪鬃。在沦陷区，日军强迫农民将猪鬃交予军方，限制外销他埠，严惩私自购运的商人。同时，日军怂恿地方败类组织地方商业维持会，并派浪人下乡，从源头上控制猪鬃的生产与收购。②到了兴亚院主持时期，为进一步强化对华经济的统制和对物资的掠夺，日本特在上海设立兴亚院联络部，颁布《猪鬃输出许可暂行条例》，同时，命令三井、三菱等日籍公司在大连、青岛、清苑、丰润、汉口等地设立贸易公司，负责对猪鬃等物资的统购。③在国统区，为诱购大后方的猪鬃资源，日本军方指使特务及商人在天津、徐州、上海、汉口、广州建立了五大走私据点，并于邻接战区之交通孔道，巧立商号名目，用高于国统区4倍的价格，诱使不法奸商走私猪鬃。④在日方高价诱购下，一些地方发生了猪鬃倒流资敌的现象，如河南战前约有1110公担猪鬃可供出口，但战时豫鬃全数为不法商贩走私。⑤广西天保区毗连越南边境，为黔、桂对外联络重要孔道，走私猖獗，在私枭活动下，1940年底偷运出口的猪鬃达3万2千斤，合320余担之多，值国币47万元。

其三，猪鬃用于易货偿债。

《全国猪鬃统销办法》第一条指出：猪鬃为易货偿债及储料所需，业经规定为政府统购之物，直接点明了猪鬃统制的原由。所谓"易货偿

---

② 黄仁动：《最近我国猪鬃对外贸易分析》，《贸易月刊》，第2卷第8期，1941年3月。

③ 冯和法：《敌人统制华中贸易批判》，《贸易月刊》，第2卷第9期，1941年4月。

④ 李超英：《伪组织政治经济概况》，商务印书馆，1943年，第55页。

⑤ 《中原的经济漏洞》，《新蜀报》，1941年3月8日。

⑥ 王大中：《陕豫两省外销特产及其问题》，《贸易月刊》，第6卷6期，1944年2月。

债"是指西方国家向中国提供贷款，规定贷款用于中国自该国进口工业产品和武器装备，再以中国农矿产品偿还。这一特殊的外贸形式是在九一八事变后，中国亟须加强国防建设而国民政府外汇严重匮乏的特定背景下开展的。

最早与中国进行易货贸易的国家是德国。20世纪30年代初，希特勒上台后，法西斯德国疯狂扩军备战，迫切需要桐油、猪鬃、钨、锑等战略性农矿产品，中国是世界上该类商品的主要供给国。此时，国民政府为加强国防，也希望从德国获取先进的科技设备与军事装备。但双方均缺乏外汇和准备金，若能以某种易货方式进行两国各有所需的贸易，各方均蒙其惠。为此，德国人克兰于1934年7月来华，与孔祥熙在南京牯岭协商贸易事宜，经四个星期谈判，双方于8月23日秘密签订了《中国农矿产品与德国工业品互换实施合同》，但由于中德双方对克兰的计划有所争执，加之德国政府内部对华政策的分歧，该易货合同并未实施。1935年5月，德国经济部部长沙赫特致函孔祥熙，表示德国完全愿意并有能力大量采购中国的矿产与农产，并且以德国高度发展的工业全力提供中国所需要的工业产品。

中德贸易出现明显转机，1936年4月中德在柏林签订了1亿马克的《中德信用贷款合同》，规定德国向中国提供价值1亿马克的兵工器材与武器装备，中国则以猪鬃、桐油、钨、锑等物资抵偿。

为保证上述贸易的顺利开展，南京国民政府宣布对猪鬃、桐油等农产品和钨、锑等矿产品实行国营贸易。其中农产品收购、运输由中央信托局办理，矿产品的收购、运输由资源委员会办理。为此，牯岭协议规定的易货贸易在两年后才得以真正全面实施。

沈晋康编著的《中德贸易统计表（1927—1940）》记载：1934年中国对德输出的易货猪鬃为4756公担，1935年为5781公担，1936年为6972

公担，1937年为8467公担，1938年8795公担。国民政府则通过易货，获得了急需的国防武器资源，据美国学者柯伟林统计，1936年，德国交付中国的军火总额为2374.8万马克，是德国军火出口的第一大国。[①]

1938年，中德两国易货贸易因世界格局的变化而告结束，但这一贸易方式，成为抗战期间中国获取国外军事资源所采取的重要模式。1937年9月，国民政府军事委员会参谋长扬杰赴苏，达成苏联向中国提供20个师的武器装备。由于当时中苏双方尚未签订易货贷款的协定，苏方要求先期供应的物资由中国方面付给现金。但是，中国因外汇极度短缺而无力偿付，只好向苏方一再申述："中国在激烈的抗战期间，现金筹集既难，消耗复巨。苏联不惟为中国之诚挚友邦，且系我民族抗日之积极声援者，当能理解中国所处的困难环境而仗义相助。"[②]苏联方面对此表示谅解，同意中国以农矿产品进行易货。1938年3月，中苏两国在莫斯科签订《关于使用5000万美元贷款之协定》，协定规定，苏联向中国提供5000万美元的易货贷款，用以购买苏方的军火物资；中国政府分五年用苏联所需要的商品及原料偿还，其价格由双方根据世界市场相同技术质量之商品及原料价格规定之。[③]协议签订后，贸易委员会遂被授权制订农产品的偿付方案，统一办理易货之茶叶、桐油、猪鬃等农产品的生产、运输及销售。1938年7月，第一批价值57万元，1260公担之偿债猪鬃，按贸委会与苏俄协助会于6月所订立合同，自汉口输往广州转运香港，然后运往苏联。[④]1939年后，中国华南、华中为日军占领，茶叶产地大多成为

① 张燕萍：《抗战时期国民政府对矿产品的统制》，《社会科学》，2004年第3期。

② 《抗战初期杨杰等和苏联磋商援华事项秘密函电选》，《民国档案》，1985年第1期，第44—45页。

③ 《中外旧约章汇编》，第3册，上海：三联书店，1962年，第1115—1118页。

① 《中华民国史档案资料汇编》，第5辑第2编，财政与经济（9），南京：江苏古籍出版

沦陷区，茶叶的采购十分困难，中方欠交苏联的易货茶叶逐年增加。有鉴于此，苏联要求欠交部分改用猪鬃代替。因此，易货猪鬃数量遂逐年增加。当年3月，中央信托局组织了2450公担的易货猪鬃，按双方于汉口订立的合同，由海防转香港出口苏联。[①]富华公司接手猪鬃统制后，为履行易货业务，按易货委员会的要求，在兰州成立办事处，与驻于此处的俄方苏新公司具体接洽有关易货业务。1942年2月富华公司合并于复兴贸易公司，富华公司负责的猪鬃易货业务也交由复兴公司负责实施，该年4月，复兴公司与苏联订定了3000担猪鬃的易货合约，其中2000担由渝运交，其余以复兴公司西安、兰州两地存货交售。截至本年8月底，应交的3000担黑鬃，经苏方驻兰代表检验合格后，照约交清，俄方甚为满意，并要求扩大下年的易货数额。[②]1943年，在易货会授权下，复兴贸易公司提出对苏易货猪鬃5000公担，苏方对此表示接受，唯易货猪鬃的价格双方分歧加大，苏方认为中方所开猪鬃价格过高。按中苏协议，交苏猪鬃的定价应依据当年国际市场的价格。这一办法在抗战初年，因国内物价较为平稳，通货膨胀较小，且国际市场的猪鬃价格上涨幅度也有限，因而双方在猪鬃定价上以纽约市价为转移并无多大异议。随着中日战事的扩大，特别是太平洋战争爆发后，各国均统制物价，并无自由市价的存在，只能参酌成本及过去价格决定，致使双方时常发生争执。虽然复兴贸易公司所开价格已属最低，但苏方不以为然，反而以债权国的优势，要求中方调整所报的易货价格，尽管中方以国内经济衰败、物价飞

社，1997年，第579页。

② 《财政部物资组致财政组正、次长呈件》（1939年5月16），民国财政部档案，全宗，309，目录2，卷号285，第二档案馆藏。

③ 《复兴贸易公司31年业务报告》，《民国财政部档案》，全宗，309，目录2，卷号922，第二档案馆藏。

涨、华币汇率及猪鬃成本不断增高的事实为例，与其多次协商，但成效甚少，只好妥协，对每磅猪鬃价格予以酌量降低。1944年，复兴贸易公司与苏联以每磅猪鬃4.25美元的价格，订立4000公担，总价值为2266667美元的易货合同。并且规定，27号配箱猪鬃由中方负责通过西北公路，由渝代运至新疆猩猩峡交与苏方。①到了1945年，苏联对羊毛、皮革等农产品需求减少，而此时中国向苏联所提供的农矿产品的总值尚不足以抵偿已使用的全部苏联贷款，差额仍有4000万美元之巨，为此，扩大苏联所需产品易货数量成为必然。1945年双方签订8000公担的猪鬃合同，约定27号猪鬃每担价格为566美元，共计4533003.2美元。②据斯拉得科夫斯基统计1938—1945年的中苏猪鬃易货贸易，中国共向苏联输出1119吨猪鬃，合22380公担，价值9946009.2美元。③

在争取苏联对华援助的同时，国民政府亦以猪鬃、桐油、钨、锑等农矿产品为抵押，谋求英国的贷款援助。1939年8月中国获得了第一笔300万英镑的中英借款，并以出售上述农矿产品所得价款拨存伦敦中国银行以专款储存备付。据孟昭瓒在《最近中英贸易之分析》中的记载，在1939年和1940年，中国运销英国的偿债猪鬃共计9100公担，价值19260491元。1941年6月，中国又从英国获得500万英镑的借款，借款仍由猪鬃、桐油、钨、锑等农矿产品作价偿付。④

苏、德两国通过易货贸易获取中国重要资源，在美引起强烈反应。

① 《1944-1945交苏物资量值表》，民国财政部档案，全宗，309，目录2，卷号448，第二档案馆藏。

② 《贸委会致财政部签呈稿件》，民国财政部档案，全宗，309，目录2，卷号285，第二档案馆藏。

③ 孟宪章：《中苏贸易史资料》，北京：中国对外经济贸易出版社，1991年，第491页。

① 财政部统计处编：《中华民国战时财政金融统计》，1946年，第34-35页。

1938年7月，美国财政部部长摩根索邀请银行家陈光甫赴美商谈易货贷款一事。双方通过谈判，于12月达成了美国对华的第一笔易货贷款，中国以出售桐油为抵押。[①]由于中国对此款提前偿还，债信良好，博得美政府的好感。1939年5月，美国国会通过《储备重要军需品法案》，规定自1939年7月起的四年内，政府每年用2.5亿美元购储猪鬃、桐油、钨、锑等17种重要军需品原料。作为回应，国民政府表示，中国输美的货物采用商销和易货两种形式进行，其中，猪鬃以30%作为易货偿债，70%作为换取急需的外汇。[②]

综上所述，正是由于大战爆发后，猪鬃先后成为各国偿债的商品，若由商人自行经营，难以保证易货贸易正常开展，有鉴于此，为维持债信，保证按合同定时定量供给，国民政府把猪鬃纳入了统制对象。

二、猪鬃贸易统制的过程

猪鬃统制从1939年9月开始到1945年10月结束，共历六年，统制政策主要集中于核定价格、统制收购、限制储存、管制运销四个方面。

（一）核定牌格

以"牌价"形式公布猪鬃的收购价格，是实施猪鬃统制的核心。所

---

② 张振江：《陈光甫与中美桐油、滇锡贷款》，《抗日战争研究》，1997年第1期，总第23期。

③ 刘伊凡：《抗战到解放时期的重庆猪鬃业》，《四川文史资料选辑》（24），成都：四川人民出版社，1981年，第133页。

谓牌价，就是在某一时期，由统制机构根据猪鬃生产成本及运销费用，参照国际市况，公布的一个价格，以此作为政府对猪鬃的收购价。自1939年9月统销法令实施以后，商人就不得自行营运出口，各色猪鬃均需按牌价售与统制机关。

1940年2月，行政院核准公布《修正全国猪鬃统销办法》，重申了牌价的核定原则，只是牌价的核定权由中央信托局移交贸易委员会。贸易委员会接手后，斟酌市况，于是年春天将牌价改订为1250元。至该年6月，猪鬃统销业务归富华贸易公司办理，牌价遂于7月又调整为1400元。

1941年后，富华贸易公司鉴于国内通货膨胀加快，而国外鬃价坚挺，遂顺应鬃商的要求，在5月调高猪鬃牌价至2400元，11月再次调至2800元。由于收购价格较为合理，当年输出猪鬃4045吨。这一数字为抗战以来猪鬃输出的最大数量。[①]

太平洋战争爆发后，滇缅国际交通运输线断绝，猪鬃外运遭遇严重的困难，仅赖空运及漫长遥远的西北运输线，输出成本上升。为此，国民政府行政院公布《全国猪鬃统购统销办法》，对猪鬃牌价的核定原则再次进行了修正，规定，"富华贸易公司收购各色熟漂猪鬃，价格应参酌国外市场价格，生产成本，运输费用，并顾及商民合法利益，分别订之"，而且"价格之订定，至少每三个月核定一次"。

抗战结束，国民政府在鬃商的强烈要求下，结束了复兴公司对猪鬃的统制，准许猪鬃自由贸易，猪鬃牌价体制也告寿终正寝。

（二）限制储存

鬃价上涨与商人囤积互为因果。鬃价上涨，易引发商人囤积居奇，

---

① 赵恩钜：《论猪鬃价格》，《贸易月刊》，第2卷6期，1941年1月。

操纵市场，而商人囤积，则又推动价格上涨，影响猪鬃收购。要维护猪鬃初级收购市场稳定，单凭行政命令和一些处罚措施抑制鬃价上涨，是不够的，在猪鬃涨价带来的高额利润驱使下，一些商家铤而走险，对猪鬃进行囤积。正因如此，从立法上规范猪鬃收购势在必行，1939年9月，国民政府行政院颁布的《全国猪鬃统销办法》，就考虑到了囤积对收购猪鬃的危害，禁止商人囤货。为防止居奇操纵，《全国猪鬃统销办法》第六条就规定"经营猪鬃业之商号、行栈，囤积黑鬃至多不得过100担，白鬃不得过10担，囤积时间不得过三个月，如有超过上述数额及期限者，由统制部门以公告的价格强制收买"。但各地商人对此阳奉阴违，并未停止在各地收购猪鬃用于囤积的做法。

为禁止商人对猪鬃的囤积居奇，行政院于11月24日第三次颁布《全国猪鬃统购统销办法》，对猪鬃存储数量及时间的限制进行了更严格的规定，即"商号、行栈储存白鬃不得过10担，黑鬃不得过50担（从过去的100担减为50担），囤积时间不得过三个月，违者没收囤积之猪鬃，并以私囤罪惩处"。1941年3月，统制机关根据举报，查处了青海西宁"裕丰昶"商行的廖霭庭，此人不遵统制法令，私自囤有大批生鬃，数量约在5000斤左右，占全省整个收购量的30%。[1]

1942年2月，因战事扩大，海运暂阻，猪鬃一时外销困难，行政院经济会议决定，暂将生熟猪鬃之储存数量和时间不加限制。[2]但是，1942年11月中美国际航运开通，因猪鬃价高质轻，为美机回空吨位的主要货物，国家总动员会议再次指定其为总动员物质，亟应由主管机关尽量收

① 张治硅：《解放前青海经营猪鬃的一些情况》，《青海文史资料选辑》，第14辑，政协青海省文史资料委会，1987年，第187页。
② 郭荣生：《孔祥熙先生年谱》，台北：台湾商务印书馆，1980年，第237页。

购，以裕供应。1943年2月，财政部奉行政院令，发布179号公告，恢复对生熟猪鬃的储存数量和时间的统制。

（三）管制运销

猪鬃运销统制是以实施猪鬃内地转运证制度和强化海关缉私监管来实现的。

（1）转运证制度凭证运输，是保证猪鬃运销统制最有力的手段，也是防止猪鬃走私所采取的一项重要措施。1940年8月，出台了《猪鬃专用准运单领用须知》，对有关转运证事项作了"凡屠夫、鬃贩及核准登记的商号、行栈，移运生鬃每次不满十市担者，准予免领准运证，但不得运往接近沿海岸线、陆地国境线或接近敌区100里以内地带，至于熟鬃转运，无论多寡，均须请领猪鬃内地转运证，违者以走私论，应与没收"[1]的规定。因此，欲运输猪鬃的商号、行栈必须向贸易委员会申请时效为三个月的转运证，拥有此证后，商人方可凭证报关运输。

转运证制度实施后，大部分商家都能按有关规定申办转运证，凭证转运猪鬃。但也不乏商人基于不同的目的，无视政府法规，无证输出。例如，1943年12月16日，四川畜产贸易公司特约商家裕森号为求高价，由遵义运输6900斤猪鬃至四川江津白沙，在贵州松坎缉私分所查验时，因无猪鬃内地转运证，有走私的嫌疑。

此外，伪造转运证，逃避关卡查验也大有人存在。例如，1942年初，河南商人胡开尘私造富华贸易公司发放的准运证，以四川畜产贸易公司特约商家的名义，在河南巩县一带收购猪鬃2380斤，欲运往郑州，

---

[1] 《桐油茶叶猪鬃专用准运单领用须知》，《畜产公司档案》，全宗：99；目录1；卷号45，四川省档馆藏。

途中，为周家口警备司令部缉私处所截获，经畜产贸易公司来电核实，胡开尘并非公司特约商家，所带准运证为冒制证章，故依法移交司法机关严惩。①

至于商人领取转运证后，其有效时限，按《全国猪鬃统购统销办法》第八条之规定为三个月。但办法实施后，准运证逾期之事时有发生，遭查办的商人苦不堪言。1942年12月，荣隆商人余德民远赴陕西郑县收购猪鬃4500斤，因路途遥远，耽误时日较多，所持畜产贸易公司请领之转运证过期，被陕西缉私处以货证不符扣留②。为避免此类事件的发生，贸易委员会乃发文，如因特别事故以致逾期者，可向发证机关电叙理由，请予证明。同时，规定凡在本省境内，及交通便利之地转运猪鬃，仍照原定三月期限办理。其在邻省，或交通困难地方，预计三月不能运达目的地者，即由填发机关，加盖戳记，酌与延长一月或两月，但至多延长三月。③

（2）强化缉私管理。为了保证猪鬃统制外销，遏制猪鬃走私之风蔓延，维护我国的经济和政治利益，贸易委员会通过强化缉私力量，于接近战区之货运要道与走私据点，督饬缉私处及海关尽量添设货运稽查处所或关卡严密防缉，未有缉私处所或关卡地方，由贸易委员会暂行指定当地机关受该管区内缉私处之指挥监督负责缉查，预防和缉查私下交易或秘密输出现象，打击无证运输之鬃商。

同时，鉴于我国海岸线漫长，地形复杂，敌我双方控制线犬牙交

---

① 《河南商人胡开尘私造准运证案》，《畜产贸易公司档案》，全宗：99；目录1；卷号279，四川省档案馆藏。

② 《荣隆商人余德民准运证过期案》，《畜产贸易公司档案》，全宗：99；目录1；卷号834，四川省档案馆藏。

③ 《复兴贸易公司与畜产公司关于转运证函》，《畜产贸易公司档案》，全宗：99；目录1；卷号27，四川省档案馆藏。

错，堵塞漏危实属不易，因而1941年颁布的《猪鬃统购法规》第六条特别规定，猪鬃不得接近沿海岸线、陆地国境线或接近敌区100里以内地带，违者以走私论处。民国三十年（1941）3月23日，长沙货运缉私处在"美轮神福"号上，查获冒芝麻报关出口的猪鬃50余箱。此次猪鬃走私，非仅是奸商活动，且牵连到出入口货物查验处。

（四）统制收购

抗战之前，四川猪鬃主要由各级商贩直接到产地收购，通过中路、行栈等中介组织汇聚到重庆、南充等市场，经洗房加工为熟鬃后，由出口字号收购，再转运上海、汉口，最后借助两地的外国洋行销往海外。

抗战爆发后，为适应外贸政策的转型，贸易调整委员会成立不久，就开始动用国库划拨的2000万元营运资金，从事国营贸易活动。按其预定计划，拟在全国物产荟萃的地点，遍设办事处，购买桐油、茶叶、猪鬃、生丝等大宗外贸商品。其中500万元用于收购四川省各地猪鬃，以实现由国家掌控猪鬃资源，达成自行外销创汇的目的。但因时间迫促，加之机构改组，上述计划并未能全部实施，截至1938年4月，贸易调整委员会仅收购价值192万元的各色猪鬃。[①]尽管收购猪鬃数量较少，对猪鬃贸易的性质并未产生实质性的影响，但此种方式开启了政府贸易机构自主收购、自主外销的先例，奠定了猪鬃统制收购基础。

1939年9月《全国猪鬃统销办法》的颁布，从立法角度确立了猪鬃的收购及外销权由政府指定的统制机构掌控。原直接经营出口的古青记、鼎瑞、祥记、和祥等大公司及其他出口的商行，均失去外销权，它们生

---

① 章伯锋编：《抗日战争》（第五卷），《国民政府与大后方经济》，中国历史学会出版，1997年，第713页

产和加工的成品鬃只得售与统制机构。随着国民政府与苏联、英国、美国的信用及易货贷款的达成，贸易委员会被授权负责国外贸易，办理对外易货，对于猪鬃的收购，自不能不有统筹全局的措施。为此，贸易统制机关在贸易统制过程中，通过在产地市场设立办事处或收货处，在集中市场投资兴建加工工厂，直接插手基层市场猪鬃的收购与加工。

但是，统制收购并非易事，猪鬃为初级产品，分散于广大的农村，且出口前需要整理、分类及加工，由政府插手基层市场猪鬃的收购，不仅网点设立、人员调配、资金筹措、工厂分布等问题操作起来难度很大，而且还存在剥夺猪鬃商人生计，与民争利的嫌疑。为此，经过一段时间的收购实践后，贸易委员会开始改变猪鬃收购最初的设想，把生鬃收购及加工权让渡给各级商人，转而控制成品猪鬃的收购权，并明令禁止偷运熟鬃出口。

富华贸易公司在生鬃收购上的放权，并不意味着对生鬃收购市场不闻不问。为维护猪鬃初级收购市场稳定，统制机构也采取了一些办法，对收购市场出现的混乱与无序进行必要的干预。主要体现在：

第一，禁止代购商提价收购生鬃。正常的生鬃价格是维系猪鬃初级市场稳定与繁荣的前提。对于一些商人通过提价竞购，助长市价上涨从而操纵市场的行为，统制机构历来都予以取缔或，加以重罚。但在外销行情高涨而内地货源稀缺之时，为抢夺有限的生鬃，一些代购商往往对此禁令不屑一顾，依然在产区提价收购。例如，"1942年8月宝丰、崇德、秦积臣三家公司在宜宾竞购生鬃，推动生鬃价格上涨30%，实开历年之新纪录，引发各地商人待价而沽"[①]。又如1944年7月，崇德、畜产

---

① 《本公司与叙府办事处收购生毛函》，《畜产贸易公司档案》，全宗：99；目录1；卷号30，四川省档馆藏。

为争夺云南昭帮的5000斤生货，双方在价格上互不相让，将价格从12000元抬高到18000元，扰乱了云南猪鬃市场，致使滇省各地毛价普遍上扬。①对这些扰乱猪鬃市场价格的竞购行为，富华公司多次发函要求各公司停止这种无序的竞争，否则削减合约鬃的数量或取消签约商的资格。②

第二，严令禁止商人囤积居奇。鬃价上涨与商人囤积互为因果。鬃价上涨，易引发商人囤积居奇，操纵市场，而商人囤积，则又推动价格上涨，影响猪鬃收购。为此，1939年9月，国民政府行政院特颁布的《全国猪鬃统销办法》，就考虑到了囤积居奇对收购猪鬃的危害。为防止居奇操纵，《办法》第六条就规定"经营猪鬃业之商号、行栈，囤积黑鬃至多不得过100担，白鬃不得过10担，囤积时间不得过三个月，如有超过上述数额及期现者，由统制部门以公告的价格强制收买"。但各地商人对这一规定阳奉阴违，并未停止在各地收购猪鬃用于囤积。1940年3月—5月，四川畜产公司在云南一些产鬃地区购买猪鬃时，竟然遭遇无鬃可购的情况。就其原因，正如其昆明办事处写给总公司的信函所言：

近来昆市生毛来源并不多见，滚贩及同业洗房对于零星生毛几见货成盘，使市价日日提高，其划价之高与渝、涪、万等地不相伯仲，据传该行情为昭帮囤积，意图居奇，引发各地鬃贩仿效。而囤积居奇又刺激鬃价上涨，昭通元庄价到1500元，尖子、飞尾则达42000，会理、西昌等地的元庄生毛则达18000~19000元。③

为禁止商人对猪鬃的囤积居奇，行政院于11月24日第三次颁布《全

---

① 《畜产昆明办事处关于收购生毛函》《畜产贸易公司档案》，全宗：99；目录1；卷号28，四川省档馆藏。

② 《复兴公司为三公司在蓉竞购函》，《畜产贸易公司档案》，全宗：99；目录1；卷号217，四川省档馆藏。

③ 《畜产贸易公司昆明办事处关于收购生毛的函》《畜产贸易公司档案》，全宗：99；目录1；卷号28，四川省档馆藏。

国猪鬃统购统销办法》，再次重申了猪鬃存储数量及时间的限制规定，即商号、行栈储存白鬃不得过10担，黑鬃不得过50担（从过去的100担减为50担），囤积时间不得过三个月。1942年2月，因战事扩大，海运暂阻，猪鬃一时外销困难，行政院经济会议决定，暂将生熟猪鬃之储存数量和时间不加限制。[①]但是，1942年11月中美国际航运开通，因猪鬃价高质轻，为美机回空吨位的主要货物。为此，国家总动员会议再次指定为总动员物质，亟应由主管机关尽量收购，以裕供应。1943年2月，财政部奉行政院令，发布179号公告，恢复对生熟猪鬃的储存数量和时间的统制。

第三，调解猪鬃收购引发的纠纷。抗战以后，因日寇的轰炸，四川猪鬃工厂分布格局发生了较大的变化，猪鬃加工不再完全以重庆为中心，万县、乐山、宜宾等二级城市的猪鬃企业有了较快的发展。在猪鬃资源有限的条件下，工厂的增多与分散，极易滋生地方保护，从而引发地方工厂与外地商号的矛盾。1943年2月，为阻止外地商人运鬃出境，万县猪鬃洗炼工人打伤了20名外地收货人员，并扣留了120担生鬃，引发了当地政局的骚乱。该案经复兴贸易公司调查后，发现骚乱的成因系川畜、宝丰两公司在万县收购生鬃后，拒绝在当地工厂洗制，致使洗房工人失业、生活困难，从而引发阻运纠纷。原因查明后，复兴贸易公司会同社会局派人调解，并责令川畜、宝丰公司所收生鬃须在当地洗制，以抚人心，事件才告以平息。[②]

第四，查处签约商有无私收熟鬃、偷运出口。按《全国猪鬃统购统

---

① 郭荣生：《孔祥熙先生年谱》，台北：台湾商务印书馆，1980年，第237页。
② 《万县洗房工人阻运猪鬃出境》，《畜产贸易公司档案》，全宗：99；目录1；卷号832，四川省档馆藏。

销办法》中"各色熟鬃应由统制机关统一收购及出口"的要求，富华贸易公司每年与签约商在签订合约鬃订购合约时，明确规定："签约商交与富华贸易公司之鬃应以自己洗制之熟鬃为限，不得向同业辗转收买，如有上项转卖行为发生，经由甲方调查属实，甲方可将查得之数，照牌价收进，并予以相当处罚。"①虽然各签约商在和约中都认可这条规定，但是，由于政府所核定的收购牌价较低，签约商通过交售合约鬃所获取的利润有限。而签约商私收熟鬃，然后自营销售，可以获得较高的利润。因此，部分签约商人在为统制机构生产合约鬃的同时，也暗地里私收熟货，企图偷运出口，以博高利。1943年3月，四川畜产贸易公司派姚肇初在陕西以3150元的价格（复兴公司在陕的牌价为2200元），分别向华隆厂和裕泰庄购进熟鬃共计352担，拟通过云南蒙自关报运出口。但货物运销途中，为复兴公司陕豫公司所查获。该行为违犯了《全国猪鬃统购统销办法》中"熟鬃不得转售与同业或自行报运出口"的规定。加之畜产公司在陕提价竞购，助长市价上涨，更有操纵市场的嫌疑。故案发后，复兴公司依法对畜产公司予以了10万元罚款，同时札饬复兴公司陕豫分公司迅照当地牌价依法收买，并电饬畜产公司驻外人员不得擅自收买熟鬃，以犯统制法规。②

以上行为明显带有走私性质，畜产公司获罚，纯为咎由自取。但是，在某一特定情形下，一些商人图谋私运出口自有其苦衷，可以说是不得已而为之。1942年5月19日，畜产、和源、崇德等贸易公司，以历年积存之猪鬃扎子已达5000余担，呆滞资金，致使银根紧张，请求复兴贸

---

① 《订购黑熟猪鬃合约》，《宝丰贸易公司档案》，全宗：0363；目录1；卷号10，重庆市档案馆藏。

② 《畜产在陕私收熟货案》，《畜产贸易公司档案》，全宗：99；目录1；卷号27，四川省档馆藏。

易公司予以收购，而复兴贸易公司则因扎子一项国外市场消纳甚微，加之订购合约中并无扎子一项而予以拒绝。在此情形之下，畜产、宝丰等公司只好与外商接洽，图谋私运出口，但遭复兴公司查处。无奈之下，众贸易公司按当年牌价酌量收购。[①]这一处理办法，当然难以满足鬃商的要求，在请愿未果的情况下，一些签约商为减少损失，铤而走险，置统制法规不顾，将扎子私营运出口。

三、猪鬃统制绩效评述

国民政府对猪鬃采取的统制举措，对战时猪鬃贸易及产业的发展究竟起了多大的作用？以前，学术界多是强调其负面作用，认为猪鬃统制政策实施的结果是："内则剥削生产成本，压迫农工，外则供应不时，丧失信用"。但通过对猪鬃统制法规及其基层执行情况的考察，不难发现，在统制法规中，"扶助商民、充裕国库、易货偿债"的思想始终是统制政策的核心。同时，统治机构在公司只好联名函请贸易委员会，授权签约商将所有猪鬃扎子自由运销国外，但贸易委员会以不合统制条规，拒绝函呈，为平息事态，只是指示复兴实施猪鬃统制的过程中，也并未完全以"统制"为由，剥夺行业商人参与统制的权利，而是兼顾了他们的利益，带有一定的灵活性。为此，就猪鬃贸易统制而言，笔者形成以下观点：

首先，国民政府通过对猪鬃的外贸统制，收购了大量的出口猪鬃，把猪鬃有效地控制在政府手中，通过易货和外销，较为顺利地履行了外

---

① 《扎子自由运销国外一事贸委会代电》，《畜产公司档案》，全宗：99；目录1；卷号831，四川省档馆藏。

贸合同，维持债信与易货贸易，同时获取了政府所需的外汇。从猪鬃购、销的实际效果上来看，政府通过统制，确实发挥了猪鬃经济抗战的作用。

其次，猪鬃统制推动了行业的发展与整合，民族猪鬃加工业得到壮大，近代化程度明显提升。从一些现有的档案材料可知，统制下的猪鬃业并未出现行业的萧条，相反，大后方猪鬃行业在政府的"预付货款、熟鬃抵押、外汇补贴"等具体措施推动下，进入了一个较为稳定的发展时期，"从事猪鬃收购、运输、加工、包装、交易等项工作的工人达300余万人"。

正是得益于统制给行业带来的壮大，当抗战结束后，以四川畜产公司为代表的大后方猪鬃企业，迅速走上扩张的道路，在欧美工业发达区域，普设推销机构，利用媒体、广告，介绍公司及产品基本概况，与英美等国商会或制刷企业建立直接的供销关系，在一定程度上走上了独立外销的道路。但与此同时，也应该看到，统制带来的弊端也十分明显：

其一，统制制度下，由于销售权的丧失，企业缺乏经营的灵活性，难以根据国际市场价格的变化制定价格和调整生产，只能被动跟随牌价的变化而变化。正如当时社会舆论所言："战时，复兴贸易公司购买猪鬃的基金共十亿元，四川、湖南所产的三万公担猪鬃价值九十亿元，为民间资本介入留下了大的空间。但是，由于政府对猪鬃事实统制，禁止民间资金自由购销，使得政府每年外销猪鬃数量有限，以致出现了盟国急需猪鬃时，复兴公司无鬃可输，从中国返美的运输机，为增加重量，只好装满昆明的石头、沙子，飞回美国。"①

其二，"牌价"对底层猪鬃生产者的危害不容忽视。面对"牌

---

① 《谈管制政策的废除》，《新华日报》，1945年12月11日。

价"，如果说大的猪鬃企业可以转嫁危机，或者借助社会舆论、依靠行会组织与统制机关博弈减少损失的话，毫无话语权的底层从业者无疑是最大的受害者，"1940年猪鬃平均收购牌价是实际生产成本的65%"，[①]1944年仅为38%。而与国外市价相比较，复兴公司所核定的平均牌价，仅为其销美售价的1/13。[②]

最后，在统制政策下，猪鬃质量出现了下降的趋势，美国道格公司抱怨："向中国购买的4吋猪鬃，实际只有百分之八十符合长度标准，百分之二十不及规定长度"[③]；英国古柏公司对我国各类猪鬃，均有批评，"重庆纯黑猪鬃，应保持战前品质，切忌掺假"[④]。以上问题究其原因，在于自猪鬃统购统销以来，由政府全数收购，并没有销售的困难，因此，各工厂在洗制加工之时，工作草率，造成猪鬃品质低劣。

猪鬃统制，是战时国民政府为争取物资、保护资源而采取的一个符合实际的应变之策。尽管统制政策、法令本身以及执行过程中存在诸多弊端，但从实际效果上来看，该政策的实施不仅达到了"易货偿债、争取外汇"的目的，同时也推动了猪鬃业的现代化转型。所以，对国民政府战时猪鬃管制及其实施，应将政策的基本内容及个别问题和执行中的弊端区分开来，给予比较客观的论断。

---

① 虞宝棠：《国民政府与国民经济》，上海：华东大学出版社，1998年，第260页.

② 杨荫溥：《民国财政史》，北京：财政出版社，1985年，第135页.

③ 《中美人士生丝猪鬃座谈会》，《贸易月刊》，第7卷第3期，1944年10月。

④ 《英商对我猪鬃产销之批判》，《贸易月刊》，第7卷第5期，1944年12月。

第四节 战后四川畜产公司对
猪鬃产业的拓展

抗战爆发后，基于战时经济的需要，国民政府通过"核定牌价、控制收购、管制运销、限制存储等举措对猪鬃实施了贸易统制，民间鬃商失去定价权与外销权。抗日战争结束后，随着国民政府战时贸易统制政策的废除，四川猪鬃自由贸易得以恢复，区域内猪鬃开发进入一个新的阶段。

一、统制政策的废除

战时贸易统制政策是战时国民政府为了维持债信与易货贸易，而采取的一个应变之策，有利于政府在特定环节下掌控物资、保护资源，在一定程度上发挥了经济抗战的作用。

但是，由于政府对猪鬃、桐油、生丝等大宗商品贸易实施了严格的统购统销，禁止民间商人对外贸商品的定价与自由购销，造成商民利益受损，统制的弊端在抗战后期日益显现。1945年2月21日的《新华日报》指出："统制以来，货弃于地，生产日蹙，生丝、桐油、羊毛等项，存留不到1/10。猪鬃在国营公司统购之下，内则剥削生产成本、压迫农工，外则供应不时，丧失信用，以致出现了盟国急需猪鬃时，复兴公司无鬃可输，从中国返美的运输机，为增加重量，只好装满昆明的石头、沙子，飞回美国"。①

同年2月，张澜、沈钧儒等参议员，遂在国民参政会上，通过决议，要求政府"重订经济政策，取消贸易管制，开放自由贸易，给商民以休养之机"。

与此同时，饱受统制之苦的猪鬃行业要求政府废除一切统制法令的态度也日趋激烈，他们不仅指责统制机关通过统制假公济私，中饱私囊，易货偿债只是他们谋取利益的借口，"复兴公司1944年净赚为1.8亿余万元，而向财政部只报告1.2亿余万元，余额均被当权者贪污"。②同时，为显示行业力量，对政府施压，1945年9月7日，重庆各猪鬃企业停业罢工，组织近千名猪鬃工人，在国民政府经济部、行政院前请愿示威，要求提高牌价，取消统购统销。

此时，美、英等国业已战争结束，取消了猪鬃统制的战时法令，准许民众自由购用猪鬃。洋商纷纷要求中国猪鬃的自由贸易，各国政府也通过一些渠道间接地表示了这样的态度。

在此背景下，国民政府行政院感到压力重重，10月9日，行政院不得不对贸易政策做出重大修正，决议取消茶叶、桐油、生丝、猪鬃、羊毛等商品的统购统销，自由贸易活动得以恢复。

二、四川猪鬃公司在全国的开发与经营

统购统销办法废除后，猪鬃进入自由贸易时期。其间，因欧美战后

---

① 《重庆市商会等四公会要求废弃统购统销》，《新华日报》，1945年1月21日。
② 《复兴贸易公司总经理席德柄致贸易委员会主任邹琳函》，（1945年12月）《民国财政部档案》，全宗，309，目录2，卷号248，第二档案馆藏。

经济恢复，猪鬃供不应求，猪鬃价格高涨，27号重庆猪鬃配箱从1945年底的每磅2美元逐步涨到1946年4月的3.25美元，到5月时在美国纽约则提升到5.5元。在国内，1946年5月，27号重庆猪鬃配箱，在渝售价为400万元，如在上海抛售，除去117万元的各项费用，则可获得近140万元的利润。利润之高，在战后萧条的商业贸易中十分罕见。

正因如此，抗战期间发展壮大的川畜、宝丰、和源、崇德等猪鬃公司，一方面，继续加大大后方猪鬃市场的角逐，扩大云贵川工厂投资规模；另一方面，积极筹划对外扩张，贸易范围开始从大后方各省向华中、华北、天津、上海、香港等地延伸，拉开产业开发从区域走向全国的序幕。

（一）分公司的建立与经营

我国猪鬃在各省区的分布主要分为四个区域，即以重庆为集散中心的西南诸省、以天津为中心的华北诸省，以汉口为中心的中南地区、以上海为中心的东南诸省。其品质以华北为最佳，次为汉口，重庆为第三，并且渝鬃并不适于油漆工业之使用，而仅可作为制造普通毛刷之原料。

很明显，以上因素的存在无疑成为制约川籍猪鬃公司发展的巨大障碍，客观上要求"川畜"等川籍猪鬃公司必须跳出西南这一隅之地，把经营范围扩展到天津、汉口、上海等猪鬃主要产区。

为把握战后有利的贸易形势，1946年2月，四川畜产公司在重庆讨论战后公司的业务方向和营运方针，明确指出：为恢复自营业务发展起见，应向国内重要市场推进，如上海为进出口货物必经之地区，汉口、天津为华南、华北批鬃集中之地，均宜设立分公司，并于各附近产区增设收购处所，以恢复业务。会上，任命龚善白为上海分公司经理，夏鹤雏为汉口分公司经理、袁冲宵为天津分公司经理，要求即日前往，组建机构，调查产鬃的情形，作手开展业务。[①]

与此同时，宝丰、和源、崇德等贸易公司也先后派人在上海成立分公司。其中，刘航琛控制的和源贸易公司行动最为迅捷，1945年底，公司副经理刘声飚已设分公司于上海"圆明园路50号"，着手策划外销。

各分公司收购及加工业务的开展，是通过当地原有的从事该业的鬃商代理完成，而各地分公司则于资金、验收、价格、商标等方面予以支持和调控。到1948年，四川畜产等川籍猪鬃公司，基本完成了在全国各个重要猪鬃集散中心的布局，对全国猪鬃垄断的格局基本实现，"汉口80%，共1.2万共担猪鬃；天津50%，共1.5万担猪鬃，均由四川畜产公司收购，国内75%的出口猪鬃为其垄断"。[②]

（二）营运经费的筹集

企业的发展和扩张离不开资金的支持。战后，四川各猪鬃公司业务范围由川省向全国的扩展所需的巨额资金究竟从何而来呢？要回答这一问题，或许可以从畜产公司总经理古耕虞写与上海分公司的信函中得出答案："公司银根周转是赖售货，次之则靠中行所给的押透，此外自无他法可筹巨款"。[③]很明显，售货盈利和银行贷款是畜产公司筹集资金的主要途径。

1. 售货盈利

---

① 《决授权分公司职权范围案》，《畜产贸易公司档案》，全宗：99；目录1；卷号37，四川省档案馆藏。

② 章友江：《重要外销动物产品之产制推销政策》，《商务日报》，1945年11月16日。

③ 《总公司与天津分公司函》（1946年5月20），《川畜档案》，全宗：99；目录1；卷号37，四川省档案馆藏。

四川省猪鬃公司之所以能以盈利作为战后企业扩资的重要手段，是建立在公司战时获得充分的发展以及战后高额售货利润基础之上的。

战争一结束，四川畜产公司就开始动用战时余存的8000公担猪鬃，以重价雇帆船运到宜昌，然后转上海出口销售。在这批货物中，仅向美国世界公司销售的2000担"27号"配鬃就获美金83万元，很大程度上解决了上海、天津、汉口等分公司筹建及业务开展所需要的启动资金。

而其沪、津、汉三地分公司的成立，扩大了猪鬃的来源，保证了对外销售的可持续性。1946年4月，天津分公司售妥美国孔公司"津装"猪鬃3725箱，扣除2%的佣金后，每磅获利0.744美金。而成立仅一年时间的武汉分公司里，其间共收购、洗制5000公担猪鬃，销售后，先后共得款20亿元。

但是，货物赢利转化为资本具有一定的周期性，并且货物能否转化为资本是以赢利为前提的，特别是一旦货物滞销，成为固定资产，那么赢利就难以实现，更谈不上以赢利作为筹款的途径，相反，还可能在一段时间里挤占资金。进入1946年下半年后，因"渝鬃"在英、美市场存货较多，出现了"渝鬃"销售困难，各公司资金主要悉搁在重庆之存货，外市非三五个月难以活跃。

因此，公司业务发展的流动资金，除了由赢利转化外，公司还必须通过借款途径来筹集。

2. 银行贷款

事实上，从畜产、和源、宝丰公司的档案来看，他们业务的发展，流动资金的获取几乎无一不是以"借款"作为筹资的主要手段。1947年和源公司业务报告指出，"公司业务所需流动资金除增加之股本外，其余全赖银行抵押借款或信用透支以资挹注，是以银行贷款一项在本公司整个财务调度上颇占重要地位。"①

当时，与各公司发生借贷关系的银行，主要是中国银行，从1946年到1949年，该行与各猪鬃公司发生的借贷关系极为频繁。

例如，1945年10月，四川畜产公司在山东收货时，即获中国银行5000万元贷款的支持，用于收购猪鬃。次年6月，为扩展在四川、云南、湖北等省份的收购业务，四川畜产共在渝、汉、昆等地获得中国银行14亿元的押透贷款。1947年1月至12月，畜产公司银根的周转全赖与中国银行订立的100亿元的贷款，才得以完成在华北区、华中区、西南区收购3000担、7000担、1万担的业务计划。

而其他猪鬃公司的贷款也多通过向中国银行办理的押汇、押借、打包贷款和结汇而来。各猪鬃公司借款时，只要与中国银行签订《押透押汇合约》或《定额结汇贷款合约》后，即可生效。

（三）外销渠道的拓展

打开外销渠道，实现自主贸易，是各猪鬃公司长期以来追求的目标。抗战时期，川畜、宝丰、和源、崇德等大公司已具备直销国外的实力，但政府猪鬃统购统销政策的实施，使得以上各公司丧失了独立、自主外销的权力，成为统制机构的代购商。抗战结束后，为实现直接外销的目的，各猪鬃公司以中国外销猪鬃最大的集散地——上海为据点，采用多种手段拓展外销渠道。主要有：

1. 发送电函，联络英、美等国制刷企业及制刷协会

1945年9月川畜南下上海，在淳嘉路禄世花园16号建立办事处（次

---

① 《中国银行卷》（1947年），《川畜档案》，全宗：99；目录1；卷号32，四川省档案馆藏。

年改为分公司）后，即向英美制刷企业发出电函，希望建立直接的供销关系。同年10月，即有多家外国公司回电（函）愿与其开展贸易往来。如，美国孔公司覆电川畜，对两公司贸易的恢复表示欣慰，希望能因接洽而获致吾人互有利益的商业结果，当年12月21日，即有400担"27号"虎牌猪鬃按合同，以每磅3.2美元的价格发往美国孔公司；英国谷克制刷公司的回函，"全顷接9月24日大函，贵公司极有兴趣与吾人作业务之直接往来，吾人为享有盛誉的制刷商，需要重庆漂白及未漂之鬃及黑鬃之供应。盼可能予吾人以样品，付款之办法，概请赐告"。

除与英、美等国制刷企业直接电函推介外，1946年2月，和源猪鬃公司发函联络英、美制刷协会，表示："敝公司洗制华鬃出口，握有充裕之资金与此业之密切知识，籍海外所有顾客均能使之满意，吾公司商业地位可由重庆中国银行予以证明。吾现将交易条件、价格附及于下，倘有订货及其他任何接洽直接来函可也，若有异议可提出，公司将予以充分的考虑。"①很明显，此函目的在于希望借助海外制刷协会，联络英、美等国猪鬃代理商及制刷企业，以打开国外市场，求得国外的客户。

2. 赴欧美推销猪鬃，建立商销机构

1947年4月，美政府存鬃销售进入高峰时期，"虎牌"渝鬃售卖疲滞，单靠电函推销难以解决渝鬃积压问题。为谋公司业务发展及设法利用外资解决银根周转之困难，6月15日，畜产公司总经理古耕虞偕上海分公司经理张华联飞美，亲向美国世界公司推销虎牌渝鬃，以每磅2.89美元的价格，成功寄售2000担，抵借美金76万。

---

① 《纽约桑托维奇公司回函》，《和源公司档案》，全宗：0361；目录1；卷号996，重庆市档案馆藏。

其间，古耕虞还出资20美万元注册成立"海洋公司"，作为畜产公司在美独立的商销机构，并通过美国世界公司经理马海德，与美国"第五街银行"建立了业务往来的关系，使"海洋公司"能够开具得到"第五街银行"担保的信用状，利用这个信用状在中国银行办理押汇，做打包放款来购买猪鬃，弥补自己资金的不足。

3. 刊载广告

1946年四川畜产公司在英美多家贸易刊物中刊载广告350次，对其制造的黑白猪鬃进行宣传，以求得更大范围内的客户。1946年2月，美国纽约桑托维奇制刷公司从中美工商业协进会刊发的《贸易汇报》中获悉相关信息，特致电畜产上海分公司要求开展业务联系：敝公司在美专营华鬃之输入及销售业务，时觅新厂与之往来，倘贵公司能依市时开予吾人价格、数量以及样品，则吾人当不胜欢迎，而为之考虑一切。

1946年7月，位于英国纽卡斯尔的哈卜制刷公司从《国际贸易》杂志广告栏中获川畜"虎牌"猪鬃销行英美的信息，特函川畜上海分公司："目下欧洲市场，对于猪鬃一货，甚为缺乏，而各制刷商行，正纷纷向此间查询采购，一时造成市场渴市现象。假使贵公司有盛誉之虎牌猪鬃，能运港销售，当必为外商所乐办。敝行有见及此，特专诚具函与贵公司洽商联络，拟向贵公司订购"。[1]

4. 寄送样品

1946年四大公司共寄出黑白猪鬃样品3203套。1946年3月18日，曼德莱公司（美）函电和源公司，承告所寄样品已收到，对其品质深感到满意，愿以每磅2美元3角5分的价格，购买2吋未漂白鬃380箱。

英国伦敦公司对川畜所寄27号配箱猪鬃花色恰与其所用者相同，且

---

① 《美商孔公司回函》，《和源公司档案》，全宗：0361；目录1；卷号996，重庆市档案馆藏。

对价格较为满意，遂于1947年12月向其开出价值5万英镑的信用状作为订货的预付款，购买该号猪鬃720箱。

三、利弊评述

战后，猪鬃自由贸易的实施，推动了我国猪鬃产业的发展，巩固了我国猪鬃在国际市场的重要地位。特别是，我国猪鬃出口公司通过较为灵活的方式，对国际猪鬃市场进行了有效的开拓，摆脱了长期以来猪鬃销售依赖居间谋利之洋行，昔日煊赫一时之洋行为之销声匿迹，迈出了自猪鬃贸易以来，我国商人真正意义上的自主经营的一步，中国猪鬃对外贸易的半殖民性终于有了较大的改变。

但是，我们也应该看到，四川各猪鬃出口公司在拓展国外市场、开展直接贸易的过程中，并非一帆风顺，道路十分艰难。

首先，猪鬃产业的发展是奠基在出口贸易基础之上的，国外市场的疲滞或畅销直接影响国内猪鬃生产及猪鬃价格的变化。1947年6月以后，美英两国开始在市场上抛售存鬃。而苏联也在此时将其国内的存鬃运往海外市场，大肆销售，致使中国猪鬃在国外售卖较为困难，价格波动非常明显，影响了中国猪鬃在国外市场的销售。

其次，中国猪鬃在国外推销时，价格面临外商的打压。

一些外国公司基于商业利益的考虑，利用美、英存货充斥市场之机，打压中国猪鬃，要求降价销售。如，纽约桑托维奇公司在1946年10月抱怨："和源'ABC'牌猪鬃开价远高于伦敦市场其他品牌的价格，吾人实无购买之意，且中国某品牌曾向吾人开价以较贵司者低30%。不过，贵司若能减低价格，或者单开扎子至3吋及4吋半以上的花色打折销售，则吾人可予考虑。"①

其三，国外厂商的傲慢、不信任成为制约中国猪鬃企业发展的又一障碍。中国猪鬃在欧美市场的销售已有数十年的历史，但是，除了"虎牌""三角"等猪鬃商标外，其他猪鬃"品牌"并未为欧美厂商所熟悉。

如和源公司在海外推销猪鬃过程中，外商对其产品表现出漠然的态度："吾人不对素不往来的商行开出信用保证书，贵司提出的贸易条件，每一条，吾人皆不同意。"即便一些外国公司收到样鬃后，对其品质、价格均物无异议，但基于对中国公司的偏见，"惟在目前中国政治、经济情形不安下，信誉及支付能力均难以保证，况掺假作伪、贸易欺诈为中国之通病，彼等均反对开具信用保证书"②。

废除猪鬃统制，恢复猪鬃自由贸易，是战后国民政府采取的一个符合国内外贸易实际的做法。尽管自主贸易过程中，不可避免遇到各种问题，但从实际效果上来看，不仅推动了产业的发展与整合，而且实现了猪鬃在海外的自主销售，这些都为猪鬃业的现代化转型奠定了基础。

---

① 《国外电信卷，伦敦之部》，《和源公司档案》，全宗：0361；目录1；卷号979，重庆市档案馆藏。

① 《与瑞典戴尔AHD公司业务函》，《和源公司档案》，全宗：0361；目录1；卷号993，重庆市档案馆藏。

参考文献

一、档 案

1．四川省档案馆藏：《四川畜产公司档案》（1938—1953），全宗号99（共321卷）。

2．四川省档案馆藏：《四川家畜保育所档案》（1936—1938），全宗151（共132卷）。

3．重庆市档案馆藏：《四川宝丰贸易公司档案》（1940—1954），全宗0363（共191卷）。

4．重庆市档案馆藏：《四川和源贸易公司档案》（1943—1953），全宗0361（共1333卷）。

5．重庆市档案馆藏：《经济部重庆商品检验局档案》（1939—1949），全宗0350（共13卷）。

6．重庆市档案馆藏：《重庆市商会》（1940—1950），全宗0083（共700卷）。

7．重庆市档案馆藏：《重庆市各商业同业公会》（1930—1949），全宗0084（共1037卷）。

二、资料汇编

8．张肖梅编：《四川经济参考资料》，中国国民经济研究所，1939年版。

9．陈真、姚洛编：《中国近代工业史资料》，第3卷，上海：三联书店，1961年。

10．彭泽益编：《中国近代手工业史资料（1840—1949）》，第2—4卷，北京：中华书局，1962年。

11．姚贤镐编：《中国近代对外贸易史资料（1840—1895）》，第3卷，北京：中华书局，1962年。

12．重庆中国银行编：《四川省之山货》（上），中国银行总管理处经济研究室，1934年版。

13．重庆中国银行编：《四川省之山货》（下），中国银行总管理处经济研究室，1935年版。

14．甘祠森：《四十五年来四川进出口贸易统计》，民生实业公司经济研究室印，1936年版。

15．萧铮主编：《民国二十年代大陆土地问题资料》，台北：成文出版社，1977年。

16．吕平登编著：《四川农村经济》，上海：商务印书馆，1936年版。

17．江昌绪编著：《四川省之主要物产》，民主实业公司经济研究室，1936版。

18．中国第历史档案馆编：《中华民国史档案资料汇编》，第5辑第1编财政经济（5），江苏古籍出版社，1994年。

19．中国第二历史档案馆编：《中华民国史档案资料汇编》》，第5辑第1编财政经济（6），南京：江苏古籍出版社，1994年。

20．中国第二历史档案馆编：《中华民国史档案资料汇编》，第5辑第1编财政经济（9），南京：江苏古籍出版社，1994年。

21．游时敏：《四川近代贸易史料》，成都：四川大学出版社，1990年。

三、专　著

22．中国畜牧兽医学会：《中国近代畜牧兽医史料集》，北京：农业出版社，1992年。

23．许振英：《川鬃产销与鬃质调查》，四川农业改进所油印，1942年。

24．许振英：《一年来对于四川养猪业之研究报告》，四川农业改进所油印，1938年。

25．顾谦吉：《中国的畜牧》，上海：商务印书馆，1939年。

26．（唐）李石：《司牧安骥集》，北京：中华书局，1957年。

27．蔡无忌、何正礼编著：《中国现代畜牧兽医史料》，上海：上海科技出版社，1956年。

28．王毓瑚编著：《中国畜牧史资料》，北京：科学出版社，1958年。

29．张仲葛、朱光煌主编：《中国畜牧史料集》，北京：科学出版社，1986年。

30．程绍迥、蔡无忌主编：《中国近代畜牧兽医史料集》，北京：农业出版社，1992年。

31．李群著：《中国近代畜牧业发展研究》，北京：中国农业科学技术出版社，2004年。

32．于船、牛家藩编著：《中兽医学史简编》，太原：山西科学技术出版社，1993年。

33．四川畜牧学会主编：《四川畜牧兽医发展简史》，成都：四川科技出版社，1989年。

34．王作之编著：《新疆古代畜牧业经济史略》，乌鲁木齐：新疆人民出版社，1999年。

35．青海省畜牧厅编：《青海畜牧业发展史》，青海省畜牧厅，1980年。

36．农业部畜牧兽医局：《中国消灭牛瘟的经历与成就》，北京：中国农业科学出版社，2003年。

37．邓铁涛：《中国防疫史》，南宁：广西科学技术出版社，2006年。